俄罗斯对外俄语等级考试真题与解析
ELUOSI DUIWAI EYU DENGJI KAOSHI ZHENTI YU JIEXI

B2级

王利众　甄淼淼　孙晓薇　敬临潘　主编

哈尔滨工业大学出版社
HARBIN INSTITUTE OF TECHNOLOGY PRESS

图书在版编目(CIP)数据

俄罗斯对外俄语等级考试真题与解析. B2 级/王利众等主编. —哈尔滨:哈尔滨工业大学出版社,2023.4(2024.8重)
ISBN 978-7-5767-0782-3

Ⅰ.①俄… Ⅱ.①王… Ⅲ.①俄语-等级考试-题解 Ⅳ.①H359.6

中国版本图书馆 CIP 数据核字(2023)第 067846 号

责任编辑　苗金英
封面设计　刘长友
出版发行　哈尔滨工业大学出版社
社　　址　哈尔滨市南岗区复华四道街10号　邮编150006
传　　真　0451-86414749
网　　址　http://hitpress.hit.edu.cn
印　　刷　哈尔滨久利印刷有限公司
开　　本　787mm×1092mm　1/16　印张 12.25　字数 360 千字
版　　次　2023年4月第1版　2024年8月第3次印刷
书　　号　ISBN 978-7-5767-0782-3
定　　价　39.80元

(如因印装质量问题影响阅读,我社负责调换)

前言

俄罗斯联邦对外俄语等级考试（Тест по русскому языку как иностранному，以下简称俄罗斯对外俄语考试）是俄罗斯考核母语为非俄语者俄语水平而设立的国家级标准化考试。俄罗斯对外俄语考试性质相当于雅思（IELTS）、托福（TOEFL）和汉语水平考试（HSK）。考生只要成绩达到一定标准，便可获得由俄罗斯教育部颁发的对外俄语考试等级证书。

俄罗斯对外俄语考试共分五个等级，即基础级（A1 和 A2）、一级（B1）、二级（B2）、三级（C1）、四级（C2）。

级别	类型		目标
Элементарный уровень Базовый уровень	基础级 基础级	A1 A2	从零起点开始学习俄语，要求具备初步的语言能力。
Первый сертификационный уровень	一级	B1	通过该等级测试，有资格进入俄罗斯高等学校学习。
Второй сертификационный уровень	二级	B2	通过该等级测试，可以直接进入俄罗斯高校攻读语文系以外的硕士学位①。
Третий сертификационный уровень	三级	C1	通过该等级测试，可以直接进入俄罗斯高校攻读语文系硕士学位。
Четвертый сертификационный уровень	四级	C2	通过该等级测试，在俄罗斯高校就读的学生有资格获得语文系硕士或副博士学位证书。

参加俄罗斯对外俄语考试是获取俄语等级证书的唯一合法途径。俄罗斯教育部授权的考官直接面对考生，根据俄罗斯对外俄语考试题库的统一标准进行测试，并由国家考试中心和考点共同颁发等级证书。我国学生除了在俄罗斯参加对外俄语等级考试，还可以在我国的黑龙江大学等考点参加考试。

我国的大学本科毕业生如果想在俄罗斯高校攻读硕士学位，必须通过俄罗斯对外俄语 B2 级考试。俄罗斯对外俄语考试等级证书在全俄罗斯认可，有效期两年。

1. 考试题型。对外俄语 B2 级考试由五个科目组成：语法和词汇（Грамматика. Лексика）、阅读（Чтение）、听力（Аудирование）、写作（Письмо）和会话（Говорение）。

---

① 对外俄语 B2 级考试也是部分俄罗斯高校（如圣彼得堡国立大学）对外国留学生的本科毕业要求考试。

满分660分。

考试科目	题数	满分
语法和词汇（Грамматика．Лексика）	150	150
阅读（Чтение）	25	150
听力（Аудирование）	25	150
写作（Письмо）	3	65
会话（Говорение）	15	145

2. 考试时间。对外俄语B2级考试总时间为285分钟。考试分两天进行。

第一天		第二天	
考试科目	答题时间	考试科目	答题时间
阅读（Чтение）	60分钟	听力（Аудирование）	35分钟
语法和词汇（Грамматика．Лексика）	90分钟	会话（Говорение）	45分钟
写作（Письмо）	55分钟		

3. 合格分数。语法和词汇（Грамматика．Лексика）、阅读（Чтение）、听力（Аудирование）、写作（Письмо）和会话（Говорение）五个考试科目均达到满分的66%即为合格。如果考生有四个科目成绩达到满分的66%，另一个科目成绩达到满分的60%，也视为考试合格。考试后一周之内即可知道分数。

考试科目	合格分数	答对题数（大于或等于）
语法和词汇（Грамматика．Лексика）	99	99（每题1分）
阅读（Чтение）	99	17（每题6分）
听力（Аудирование）	99	17（每题6分）
写作（Письмо）	43	主观题
会话（Говорение）	96	主观题

4. 补考。如果考生只有一个科目未通过考试（且低于该科总分的60%），需重交考试费用补考未通过的科目。如果两个及以上科目未通过考试（均低于该科目考试总分的66%），需重交考试费用并且所有科目均需重新考试。

随着中俄两国教育合作的加强，越来越多的中国大学本科毕业生到俄罗斯高校攻读硕士学位。为帮助这些学生顺利通过俄罗斯对外俄语 B2 级考试，编者在总结《俄罗斯对外俄语等级考试真题与解析（B1 级）》编写经验的基础上编写了本书。编者希望能够通过本书促进中国学生俄语听、说、读、写的能力，大幅度提升中国学生在俄罗斯对外俄语 B2 级考试中的成绩。

本书在编写过程中得到了俄罗斯语文学博士（доктор филологических наук）、萨拉托夫车尔尼雪夫斯基国立大学（Саратовский национальный исследовательский государственный университет имени Н. Г. Чернышевского）塔季扬娜·阿列克谢耶芙娜·米廖希娜（Татьяна Алексеевна Милехина）教授以及乌里扬诺夫斯克国立技术大学（Ульяновский государственный технический университет）国际学院的大力支持，在此表示衷心感谢！

哈尔滨工业大学俄语系　王利众*
2022 年秋于俄罗斯乌里扬诺夫斯克国立技术大学

---

* 王利众，俄语语言文学博士，哈尔滨工业大学俄语系教授。研究方向：俄语语法学、修辞学、对比语言学、俄罗斯问题。黑龙江省精品课程、黑龙江省线上一流课程《科技俄语阅读》负责人。中国大学 MOOC 课程《科技俄语阅读》主讲人。普希金俄语学院访问学者。乌里扬诺夫斯克国立技术大学公派汉语教师。在《中国俄语教学》《外语学刊》《外语与外语教学》《解放军外国语学院学报》《外国教育研究》及其他刊物发表论文 50 余篇。在哈尔滨工业大学出版社、外语教学与研究出版社、上海外语教育出版社、黑龙江大学出版社、大连海事大学出版社出版专著、译著和各类教材及教学参考书 50 余部。

目 录

第一部分　俄罗斯对外俄语 B2 级考试解析及训练　// 1
　一、语法和词汇　// 3
　二、阅读　// 72
　三、写作　// 90
　四、听力　// 100
　五、会话　// 108

第二部分　俄罗斯对外俄语 B2 级考试真题及答案　// 113
　一、俄罗斯对外俄语 B2 级考试:语法和词汇　// 115
　二、俄罗斯对外俄语 B2 级考试:阅读　// 146
　三、俄罗斯对外俄语 B2 级考试:写作　// 160
　四、俄罗斯对外俄语 B2 级考试:听力　// 166
　五、俄罗斯对外俄语 B2 级考试:会话　// 177

参考文献　// 186

第一部分

俄罗斯对外俄语B2级考试解析及训练

一、语法和词汇

俄罗斯对外俄语 B2 级考试语法和词汇（Грамматика. Лексика）考试共 150 道选择题，答题时间为 90 分钟。

语法和词汇考试至少答对 99 题（即该科目总分的 66%）为合格。

语法和词汇考试分为 6 个部分，每个部分 25 题。

(1) 1～25 题考查主谓一致关系（动词、形容词做谓语时与主语保持一致关系）；

(2) 26～50 题考查名词、动词、形容词、前置词的接格关系；

(3) 51～75 题考查形动词、副动词的用法以及形动词、副动词与从句互换；

(4) 76～100 题考查复合句（连接词、关联词）；

(5) 101～125 题考查名词、动词、形容词辨析；

(6) 126～150 题考查功能语体（公文事务语体、报刊政论语体）中语法和词汇的使用。

语法和词汇是俄语考试的难点，但是我们应该看到，语法和词汇的题型基本是重复出现的，因此归纳总结出规律并加以训练就可以达到事半功倍的效果。

（一）第一部分练习

1. Дирижер Иванова прекрасно ... вчера на концерте.
   (А) выступил   (Б) выступает
   (В) выступила   (Г) выступал

2. Начальник отдела Денисова ... сегодня на работу поздно.
   (А) приходил   (Б) приходила
   (В) пришел   (Г) пришла

3. Озеро Байкал ... в Восточной Сибири.
   (А) расположен   (Б) расположена
   (В) расположено   (Г) расположены

4. До отлета самолета ... еще полчаса.
   (А) остались   (Б) останутся
   (В) остаются   (Г) осталось

5. До отхода поезда ... полчаса, мы успеем выпить по чашечке кофе.
   (А) остались   (Б) останутся
   (В) остаются   (Г) остается

6. Много статей в сборнике ... совсем молодыми авторами.
   (А) написали   (Б) напишут

(В) написано　　　　　　　　　　(Г) написан

7. Московским метро ежедневно ... более 8 миллионов человек.
   (А) пользуется　　　　　　　　(Б) пользуются
   (В) пользовался　　　　　　　　(Г) пользовались

8. Большинство школьников ... поступить в хороший вуз.
   (А) мечтает　　　　　　　　　　(Б) мечтают
   (В) мечтал　　　　　　　　　　 (Г) мечтали

9. Группа туристов долго ... автобус.
   (А) ждал　　　　　　　　　　　(Б) ждала
   (В) ждало　　　　　　　　　　 (Г) ждали

10. Первая группа студентов уже ... экзамен.
    (А) сдала　　　　　　　　　　 (Б) сдали
    (В) сдадут　　　　　　　　　　(Г) сдаст

11. Я не успеваю подготовиться к экзамену: мне ... еще хотя бы два дня.
    (А) можно　　　　　　　　　　(Б) понадобиться
    (В) понадобилось　　　　　　 (Г) понадобятся

12. Нашему институту в будущем году ... 30 лет.
    (А) будет　　　　　　　　　　 (Б) будут
    (В) было　　　　　　　　　　　(Г) бывало

13. Читать то, что написано русскими классиками, ...
    (А) трудные, но интересные　　(Б) трудное, но интересное
    (В) трудно, но интересно　　　 (Г) трудны, но интересны

14. Глаза у девушки ... .
    (А) большие и грустные　　　　(Б) больше и грустнее
    (В) большими и грустными　　 (Г) большой и грустный

15. Дверь в комнату оказалась ... .
    (А) закрыт　　　　　　　　　　(Б) закрытой
    (В) закрыли　　　　　　　　　 (Г) закрыто

16. Пироги, которые печет твоя бабушка, кажутся мне очень ... .
    (А) вкусные　　　　　　　　　 (Б) вкусными
    (В) вкусно　　　　　　　　　　(Г) вкусным

17. Как ни ... грамматика русского языка, ее надо выучить.
    (А) труднее　　　　　　　　　 (Б) трудно
    (В) трудная　　　　　　　　　 (Г) трудна

18. Туристы поднялись на вершину горы ... .
    (А) устало, но довольно　　　　(Б) устали, но довольны
    (В) усталые, но довольные　　　(Г) усталый, но довольный

19. Я так поздно проснулся, что пришел на лекцию ... .
    (А) последним　　　　　　　　(Б) последней
    (В) последних　　　　　　　　 (Г) последними

20. Всё, что вы рассказали, очень ... .
    (А) поучителен   (Б) поучительный
    (В) поучительное   (Г) поучительно

21. Что тебе ... ? Чай или кофе?
    (А) заказывать   (Б) заказать

22. Что ... , если он все равно не хочет нас понять!
    (А) объяснять   (Б) объяснить

23. Я никак не могу ... свое расписание.
    (А) запомнить   (Б) запоминать

24. Можешь ... мне свой конспект?
    (А) показать   (Б) показывать

25. Возможно, я не смогу ... тебе вечером.
    (А) звонить   (Б) позвонить

26. Хочешь ... вечером новый фильм?
    (А) смотреть   (Б) посмотреть

27. Советую вам ... вашу работу.
    (А) переделывать   (Б) переделать

28. В этот раз туристы ... в этом городе на несколько дней.
    (А) задержались   (Б) задерживались

29. Неожиданно ... громкий стук в дверь.
    (А) слышался   (Б) послышался

30. Нужно чаще ... свежие фрукты.
    А) есть   (Б) поесть

31. Мы обычно ... изложение в классе за 2 часа.
    (А) напишем   (Б) пишем

32. Старший брат регулярно ... утреннюю зарядку.
    (А) делает   (Б) сделает

33. Почему вы так долго не ... на наше письмо?
    (А) отвечали   (Б) ответили

34. С каждым днем ... теплее.
    (А) стало   (Б) становилось

35. Илья упорно ... над своей магистерской диссертацией.
    (А) работал   (Б) поработал

36. На курсы иностранных языков придется ... по субботам.
    (А) ходить   (Б) идти

37. Не успел я ... в кабинет, как позвонил директор.
    (А) входить   (Б) войти

38. ... мне свой номер телефона, пожалуйста.
    (А) Говори   (Б) Скажи

39. — Как ты себя чувствуешь? Пожалуйста, ... хоть слово!

(А) говори (Б) скажи

40. — У вас есть последний номер «Невы»? — Да. Вот он, на полке. Только ... аккуратно, не уроните другие журналы.

(А) берите (Б) возьмите

41. — Леночка, не ... старшим, когда они разговаривают.

(А) помешай (Б) мешай

42. Не ... меня, пожалуйста, я стесняюсь.

(А) фотографируй (Б) сфотографируй

43. Не ... к работе, пока не поймешь хорошо задание.

(А) приступай (Б) приступи

44. Осторожно, не ..., пол скользкий.

(А) упади (Б) падай

45. У меня аллергия, мне нельзя ... апельсиновый сок.

(А) выпить (Б) пить

46. Тебе не ... диплом за две недели.

(А) писать (Б) написать

47. Я так устал за эту неделю, что в субботу мне не ... в 8 утра.

(А) просыпаться (Б) проснуться

48. Зрительный зал был переполнен, и ... было некуда.

(А) садиться (Б) сесть

49. До яблока на ветке никому не ... .

(А) дотягиваться (Б) дотянуться

50. Так быстро мне эту книгу не ... .

(А) читать (Б) прочитать

51. С вами невозможно не ... .

(А) соглашаться (Б) согласиться

52. Саша, ты можешь не ..., твоя помощь нам не понадобится.

(А) приходить (Б) прийти

53. В институте запрещено ... .

(А) курить (Б) покурить

54. Пассажирам не разрешается ... двери вагона во время движения поезда.

(А) открывать (Б) открыть

55. Почему книга такая грязная? Кто ее ... ?

(А) брал (Б) взял
(В) бери (Г) возьми

56. Я только что ... на третий этаж, мне не хочется еще раз идти туда.

(А) поднялся (Б) поднимался
(В) поднимаюсь (Г) поднимусь

57. К тебе утром ... товарищ, он оставил тебе записку.

(А) приходил (Б) пришел

（В）уходил （Г）ушел

58. — Петя, почему ты не подходил к телефону? — Я . . . .
   （А）выходил （Б）уходил
   （В）вышел （Г）ушел

59. — Где ты был вчера? — Я . . . в центр города.
   （А）ехал （Б）поехал
   （В）уезжал （Г）ездит

60. Антона нет дома, он . . . на занятия.
   （А）уходил （Б）ушел
   （В）уйдет （Г）уходит

参考答案

◉ 第1~3题

动物名词做同位语所说明的名词在句中做主语时，一致定语应与表示身份、职业的同位语一致，而谓语应和被说明词一致，不是和同位语一致。例如：

Мастер спорта Петрова *победила*.（运动健将彼得洛娃取胜了。/победила 和 Петрова 保持一致）

Молодой инженер Иванова *пришла*.（年轻的工程师伊万诺娃来了。/пришла 和 Иванова 保持一致，молодой 和 инженер 保持一致）

非动物名词做同位语所说明的名词在句中做主语时，谓语应和同位语一致。例如：

Столица Пекин *близка* каждому китайцу.（首都北京对每个中国人都很亲切。/близка 和 столица 保持一致）

1. 答案：Б。解析：谓语 выступила 和 Иванова 保持一致。译文：指挥伊万诺娃在昨天的音乐会上演出很出色。
2. 答案：Г。解析：谓语 пришла 和 Денисова 保持一致。译文：杰尼索娃处长今天上班迟到了。
3. 答案：В。解析：谓语 расположено 和 озеро 保持一致。译文：贝加尔湖位于东西伯利亚。

◉ 第4~5题

由 пол-加单数第二格名词所构成的复合缩写词，其性要根据其组成部分中的名词原来的性决定，如 полчаса（半小时）受 час 的影响是阳性形式，但其做主语时句子中动词谓语过去时一般用中性形式。例如：

Полчаса *прошло*.（半小时过去了。）

但 полчаса 前有形容词定语时，形容词用复数形式，此时谓语过去时用复数形式。例如：

Целые полчаса *прошли*.（整整半个小时过去了。）

4. 答案:Г。解析:полчаса 是主语,осталось 是谓语。译文:离飞机起飞还有半小时。

5. 答案:Г。解析:полчаса 是主语,остается 是谓语。译文:离火车开车还有半小时,我们还来得及喝杯咖啡。

⊙ 第6~7题

不定量数词 много(多)、мало(少)、несколько(一些)、немного(不多)、немало(不少)以及 около(大约)构成的做主语的"数词+名词"组合表示大约数量意义时,谓语通常用单数形式(过去时用中性)。例如:

Около ста студентов *вернулось* домой. (大约100名学生回家了。)

Сейчас в МГУ *учится* примерно 40 тысяч студентов и 7 тысяч аспирантов. (现在正在莫大学习的大约有四万名大学生和七千名研究生。)

6. 答案:B。解析:主语是 много статей,谓语是被动形动词短尾 написано(单数、中性),молодыми авторами(第五格)是 написано 行为的主体。译文:这本论文集的很多文章都是年轻作者写的。

7. 答案:А。解析:主语是 более 8 миллионов человек,谓语 пользуется 用单数。译文:每天有八百多万人乘坐莫斯科地铁。

⊙ 第8~10题

большинство(大多数)、группа(一组)、семья(全家)等名词做主语时,谓语与这些名词保持性、数(单数)的一致。例如:

Вся семья *уехала* в Пекин. (全家都去北京了。)

8. 答案:А。解析:主语是 большинство,谓语用单数 мечтает。译文:大多数中学生都希望考入好的大学。

9. 答案:Б。解析:主语是 группа,谓语用阴性 ждала 与主语保持一致。译文:一群游客等了很长时间公共汽车。

10. 答案:А。解析:主语是 группа,谓语用阴性 сдала 与主语保持一致。译文:一班的学生已经考完试了。

⊙ 第11~12题

当 один 为合成数词的末位数时,其后名词仍用单数。末位数为 один 的合成数词和名词一起在句中做主语时,谓语一般用单数,性与名词一致。例如:

Сорок одна студентка сдала экзамен. (41个女大学生通过了考试。)

但数词 два/две、три、четыре 或以这些数词结尾的合成数词做主语时,谓语现在时一般用单数,过去时用中性。例如:

На нашем курсе *было* двадцать две группы. (我们年级曾经有22个班。)

11. 答案:Б。解析:два дня 做主语,谓语用单数,因为句中有语气词 бы,所以 понадобилось 用过去时。译文:我没准备好考试,要是再有两天就好了。

12. 答案:А。解析:主语是 30 лет,谓语 будет(单数第三人称)表示将来时。译文:我们学院明年成立30周年。

⊙ **第13题**

动词不定式做主语,谓语用动词表示时,谓语动词现在时和将来时用单数第三人称、过去时用中性。例如:

Курить *запрещается.* (禁止吸烟。)

Курить *запрещалось.* (曾经禁止吸烟。)

Курить *будет запрещаться.* (将禁止吸烟。)

---

13. 答案:Б。解析:动词不定式 читать 做主语,所以 трудно, но интересно 用中性。译文:读俄罗斯经典作家的东西很难但有趣。

⊙ **第14~16题**

性质形容词在句中做谓语时,可以用长尾和短尾两种形式。此时,形容词长尾一般表示经常的或恒久的、不受时间限制的固有性质,而短尾则表示事物的暂时特征或在一定时间条件下呈现的性质状态。试比较:

Мать у него *больная.* (他的母亲有病。)

Мать у него *больна.* (他的母亲正病着。)

Он *молчаливый.* (他性格沉默寡言。)

Сегодня он *молчалив.* (他今天话很少。)

---

14. 答案:А。解析:глаза(复数)做主语,谓语是 большие и грустные。译文:姑娘的大眼睛充满忧郁。

15. 答案:Б。解析:оказалась 在句中做系动词(要求第五格),相当于 была。如果备选答案有短尾 закрыта,也是正确的。译文:房间的门是关着的。

16. 答案:Б。解析:кажутся 要求第五格,所以 вкусными 用第五格,主语 пироги 是复数形式,所以 вкусными 用复数第五格。译文:你奶奶烤的馅饼我觉得非常好吃。

第17题

强调特征程度时,在 так,как 之后,形容词用短尾形式。例如:

Как *высоки* эти горы!（这些山真高!）

Они так *добры* ко мне.（他们待我真好。）

Как ни *сложна* проблема, над ней надо работать.（不论问题如何复杂,都应当解决。）

表语中有 такой,какой 时,形容词必须用长尾形式。例如:

Какая *хорошая* погода!（多好的天气!）

Он был тогда такой *радостный*.（他当时是那么快乐。）

17. 答案:Г。解析:как 要求 трудна 用短尾,主语是 грамматика。译文:无论俄语语法多难,都应该学会。

第18~19题

实体动词(包括运动动词)做静词性合成谓语的一部分时,其保留本身的词汇意义。此时,静词性合成谓语的表语(名词、形容词或形动词)通常用第五格或第一格形式。常见的动词有 жить(生活)、вернуться(返回)、возвратиться(返回)、прийти(来)、уйти(离开)、родиться(出生)、стоять(站)、лежать(躺)、умереть(死)、работать(工作)等。例如:

Они *вошли* в аудиторию *первыми*.（他们最先走进教室。）

Спортсмены *сидели* на скамейке *довольные* своей победой.（运动员们坐在长凳上,对自己取胜很满意。）

18. 答案:В。解析:усталые,но довольные 和 поднялись 一起做静词性合成谓语,也可以用 усталыми,но довольными(第五格)。译文:游客们疲惫而满足地登上山顶。

19. 答案:А。解析:последним 用阳性单数第五格,因为主语是阳性(проснулся)。译文:我醒得太晚,以至于最后一个来到课堂。

第20题

это,всё,всё это,то,что,одно,другое 等表示概括意义的词以及名词化(中性)的形容词,如 новое,важное 等做主语时,谓语用形容词短尾形式。例如:

Это *плохо*.（这不好。）

Всё *понятно*.（全明白。）

Новое всегда *непобедимо*.（新生事物总是不可战胜的。）

20. 答案:Г。解析:主语是 всё,谓语 поучительно 用短尾形式。译文:你们讲的一切都很有教育意义。

第 21~36 题

完成体动词表示一次动作或完成的动作。例如：

Сегодня я *написал* сочинение.（今天我写完了作文。）

Сегодня мне надо *написать* сочинение.（今天我要写完作文。）

未完成体动词不定式表示动作过程或经常发生的动作。例如：

Каждый день я *пишу* сочинение.（我每天都写作文）

Каждый день мне надо *писать* сочинение.（我每天要写作文。）

21. 答案：Б。解析：完成体 заказать 表示一次的动作。译文：你点什么？茶还是咖啡？
22. 答案：Б。解析：完成体 объяснить 表示一次的动作。译文：如果他不想明白我们的意思，有啥可讲的！
23. 答案：А。解析：完成体 запомнить 表示结果，即"记住"。译文：我怎么也记不住课程表。
24. 答案：А。解析：完成体 показать 表示一次完成的动作。译文：能给我看一下提纲吗？
25. 答案：Б。解析：完成体 позвонить 表示一次的动作。译文：可能晚上我不能给你打电话。
26. 答案：Б。解析：完成体 посмотреть 表示一次的动作。译文：晚上你想看新电影吗？
27. 答案：Б。解析：советовать 之后的 переделать 表示一次完成的行为。译文：我建议你重做你的工作。
28. 答案：А。解析：в этот раз 表示动作是一次行为。译文：这次游客在这座城市停留了几天。
29. 答案：Б。解析：неожиданно（突然）表示动作一次完成。译文：突然听见很响的敲门声。
30. 答案：А。解析：句中 чаще（часто 的比较级）要求动词用未完成体。译文：要经常吃新鲜水果。
31. 答案：Б。解析：虽然句中有 за 2 часа，但 обычно（通常）在动词体的使用中起决定性作用，所以正确答案是 пишем。译文：我们通常在教室里两小时内写出一篇书面作文。
32. 答案：А。解析：регулярно（有规律地）表示动作是经常的。译文：哥哥经常做早操。
33. 答案：А。解析：долго（长时间）要求动词用未完成体。译文：你为什么那么长时间没给我们回信？
34. 答案：Б。解析：с каждым днем 要求 становилось 用未完成体。译文：天气一天比一天暖和。
35. 答案：А。解析：写论文是长时间的过程，所以用未完成体 работал。译文：伊利亚努力地写自己的硕士论文。
36. 答案：А。解析：ходить 表示多次往返的运动。译文：周六不得不去外语培训班。

第 37 题

在完成体动词 забыть（忘记），успеть（来得及），удаться（成功地……）之后接完成体动词不定式。例如：

Он так спешил на лекцию, что даже забыл *позавтракать*.（他着急去上课，甚至都忘记吃早饭了。）

Мы не успели *выполнить* эту работу к сроку.（我们没来得及按期完成工作。）

Мне удалось *сдать* экзамен на этот раз.（这次我通过了考试。）

37. 答案:Б。解析:успеть 要求与其连用的войти 用完成体。译文:我还没来得及走进办公室,经理就打来了电话。

第38~40题

完成体动词第二人称命令式表示命令对方做具体的、不费事的、一次简单的动作。未完成体动词第二人称命令式表示行为的经常性和持续性。例如:

Зажгите свет!(请打开灯!)

Дайте мне, пожалуйста, ваш словарь.(请把你的词典借我用一用。)

Чаще *пишите* письма домой.(请经常给家里写信。)

Это лекарство *принимай* три раза в день!(这种药请每天吃三次!)

表示过程时用未完成体动词命令式。试比较:

Поставьте вазу на стол.(请把花瓶放到桌子上。)

Эта ваза дорогая. *Ставьте* осторожно.(这只花瓶很贵,放的时候小心点儿。)

---

38. 答案:Б。解析:表示一次的动作用完成体命令式。译文:请告诉我你的电话号码。

39. 答案:Б。解析:"说一句话"(скажи слово)是一个简单的动作,所以用完成体命令式。译文:你感觉怎么样?哪怕说一句话!

40. 答案:А。解析:表示过程时用未完成体动词命令式。译文:"你有最近一期的《涅瓦》杂志吗?""有,在书架上。拿的时候小心点儿,别把其他杂志弄掉。"

第41~44题

否定的未完成体动词第二人称命令式表示禁止做某事,或请求、劝告不要做某事。例如:

Не бери с собой зонтик.(别带雨伞。)

Не включай свет. Он мне мешает(别开灯,灯光妨碍我。)

否定的完成体动词第二人称命令式表示提醒、警告,以防止发生某种不希望出现的行为,常与否定语气词 не 连用的完成体动词数量不多,大都表示不希望发生的行为,如 опоздать(迟到)、забыть(忘记)、потерять(丢失)、упасть(摔倒)、ошибиться(犯错)、разбить(打破)、простудиться(感冒)、заболеть(生病)等。例如:

Не разбей вазу.(别把花瓶打碎了。)

Не упади — тут скользко.(别跌倒,这儿滑。)

为了加强警告意义,常用 смотри-те,具有当心、留神的意义,其后一定用完成体命令式。例如:

Смотри, не опоздай на поезд.(可别赶不上火车!/ 有 смотри 用完成体动词第二人称命令式)

Смотрите не дайте кому-нибудь ту книгу.(注意,可别把那本书借给别人。/ 有 смотрите 用完成体动词第二人称命令式)

41. 答案:Б。解析:否定的未完成体动词命令式表示禁止做某事,或请求、劝告不应该做某事。译文:小列娜,年长者谈话时,不要打扰他们。

42. 答案:А。解析:否定的未完成体动词命令式表示不应该。译文:别给我拍照,我害羞。

43. 答案:А。解析:当从句是否定句时,пока не ... 中的语气词 не 是必须要有的,但失去了否定意义,主句中通常有指示词 до тех пор 与 пока не 呼应,译成汉语常用肯定句"直到……为止"。连接词除了表示主句行为在从句行为之前,还表示主句行为的终止界限,即延续到从句行为结束为止。因此,主句的动词谓语用未完成体表示,从句的动词谓语用完成体(可以用过去时或将来时)表示。例如:Бабушка следила за внуком, пока он не скрылся.(奶奶注视着孙子,直到他不见了为止。也可译为:在孙子不见之前,奶奶一直注视着他。)译文:没弄明白题目之前,不要着手去做。

44. 答案:А。解析:完成体动词命令式的否定形式 не упади 表示提醒。译文:地滑,当心别摔倒。

⦿ 第45~50题

нельзя/не 之后可接完成体动词不定式,也可接未完成体动词不定式。"нельзя/не + 未完成体不定式"表示"不应该",而"нельзя/не + 完成体不定式"则一般表示"不可能、做不成"。试比较:

В аудиторию нельзя *входить*: там идёт урок.(不要进教室去,那儿正上课。)

В аудиторию нельзя *войти*: дверь запрета на замок.(教室进不去,门锁上了。)

Нельзя *входить*: идёт собрание.(不可以进去,正开会呢。)

Нельзя *войти*: ключ потерялся.(进不去,钥匙丢了。)

45. 答案:Б。解析:"нельзя + 未完成体不定式"表示"不应该"。译文:我过敏,不能喝橙汁。

46. 答案:Б。解析:"не + 完成体不定式"则表示"不可能、做不成"。译文:两周内你不可能写完毕业论文。

47. 答案:Б。解析:"не + 完成体不定式"则表示"不可能、做不成"。译文:这星期我太累了,以至于星期六8点钟醒不了。

48. 答案:Б。解析:不定式否定句中,"не + 完成体动词不定式"表示"不可能"。译文:观众大厅挤满了人,无处可坐。

49. 答案:Б。解析:不定式否定句中,"не + 完成体动词不定式"表示"不可能"。译文:谁也够不到树枝上的苹果。

50. 答案:Б。解析:不定式否定句中,"не + 完成体动词不定式"表示"不可能"。译文:这么快我不可能读完这本书。

51. 答案:Б。解析:невозможно не(不可能不)之后与完成体动词连用时,表示达到目的,可能做到某事。例如:Ему невозможно не *ответить* на этот вопрос.(他不可能回答不上这个问题。)译文:不可能不同意你的意见。

第52题

"мочь не + 未完成体"表示"可以不做某事"。"мочь не + 完成体动词"表示达不到目的，可能做不到某事。试比较：

Ты *можешь не доставать* билета на картину, я тебе уступлю. (你可以不买电影票，我让给你一张。)

Ты *можешь не достать* билета на картину: уже поздно. (你可能买不到电影票了，因为已经晚了。)

Витя чувствует себя лучше, врач *может не приходить*. (维佳感到好些了，医生可以不来了。)

Витя заболел. Он *может не прийти* на собрание. (维佳病了，他可能不来开会。)

52. 答案：A。解析：можешь не приходить 表示"可以不来"。译文：萨沙，你可以不来，我们不再需要你的帮助。

第53~54题

在表示禁止、回避意义的动词之后，一般使用未完成体。例如：

В общественных местах запрещается *курить*. (公共场所禁止吸烟。)

Он избегал *говорить* о случившемся. (他回避谈论发生的事。)

53. 答案：A。解析：запрещено 要求 курить 用未完成体动词不定式。译文：学校里禁止吸烟。

54. 答案：A。解析：не разрешается 表示"禁止"，其后接未完成体动词不定式。译文：火车运行时禁止乘客打开车门。

第55~60题

某些未完成体动词过去时表示行为的结果到说话时已经消失。具有这种特征的未完成体动词有：

(1) 带前缀的运动动词，如 приходить（来），приезжать（乘车来），уезжать（乘车离开），входить（进来），выходить（出去）等；

(2) 表示一正一反动作的动词，如 открывать（开）— закрывать（关），включать（开）— выключать（闭），надевать（穿）— снимать（脱），вставать（起来）— ложиться（躺下），брать（借）— возвращать（还）等。例如：

— Окно так и открыто целый день? И во время дождя было открыто?

— Нет, мы *закрывали* его. （"窗户一天都这样开着？下雨的时候也是开着的？""不是的，那时关上了。"）句中用 закрывали 未完成体过去时表示"现在窗户是开着的"，即"曾经关过"。

> 具有这两类意义的动词的完成体和未完成体过去时表示的意义不同。试比较：
>
> К тебе кто-то *приходил* и сказал, что зайдет вечером. (有人来找过你,他说晚上还要来。) 句中 приходил 表示结果取消,即"来了,又走了"。
>
> К тебе кто-то *пришел*, и он ждет в твоей комнате. (有人找你来了,他在你房间等你。) 句中 пришел 表示结果存在,即"来了,没走"。
>
> У меня сейчас уже нет этой книги: я *брал* ее в библиотеке. (我在图书馆借过这本书,但现在这本书不在我这儿。) 句中 брал 表示结果取消,即"书借来又还回去了"。
>
> У меня есть эта книга: я *взял* ее в библиотеке. (我从图书馆借了这本书,它现在在我这儿。) 句中 взял 表示结果存在,即"书借来了,现在没有还回去"。

55. 答案:А。解析:брал 表示"书被拿走,又被拿回来了"。译文:为什么书这么脏？谁动过？
56. 答案:Б。解析:поднимался 表示"上了三楼,又下来了"。译文:我刚刚到过三楼,我不想去那里了。
57. 答案:А。解析:приходил 表示"来了,又走了"。译文:早上一个同学来找你,他给你留了字条。
58. 答案:А。解析:выходил 表示"出去了,又回来了,出去时间短暂",уходил 表示"出去了,又回来了,但出去时间很长或距离很远"。译文:"别佳,你为什么不接电话？""我刚才出去了。"
59. 答案:В。解析:уезжал 表示"去了市中心,现在回来了"译文:"昨天你去哪儿了？""我去了市中心。"
60. 答案:Б。解析:ушел 表示"出去了,现在还在课堂上"。译文:安东没在家,他去上课了。

(二) 第二部分练习

1. В центре Петербурга поставили памятник ... в 1782 г.
   (А) Петр Первый   (Б) Петром Первым
   (В) Петру Первому   (Г) Петра Первого

2. Занятия ... развивают волю и повышают уверенность в себе.
   (А) спорта   (Б) спорту
   (В) спортом   (Г) за спортом

3. Студенты окружают заведующего ... русского языка.
   (А) кафедры   (Б) кафедрой
   (В) кафедре   (Г) кафедру

4. Это лечение и забота ... наших верных друзей.
   (А) о здоровье   (Б) к здоровью
   (В) по здоровью   (Г) за здоровье

5. Увлечение ... лишило его работы.
   (А) компьютерной игры   (Б) компьютерной игре
   (В) компьютерную игру   (Г) компьютерной игрой

6. Из уважения ... молодые люди оказали нам большую услугу.
   (А) старших (Б) за старшими
   (В) по старшим (Г) к старшим

7. ... на своем заседании принял важные решения.
   (А) Комитет по туризму (Б) Комитет туризма
   (В) Комитет — туризм (Г) Туристический комитет

8. Если университет не живет свободной наукой, то в таком случае он не достоин ... университета.
   (А) звания (Б) званию
   (В) званием (Г) звании

9. Я очень благодарен ..., кто помогал мне в трудные моменты.
   (А) всем (Б) к всем
   (В) всеми (Г) всех

10. Задача легкая и понятна даже ... .
    (А) самыми слабыми учениками (Б) самым слабым ученикам
    (В) самых слабых учеников (Г) самые слабые ученики

11. По площади Байкал занимает 8-ое место в мире среди озер и приблизительно равен ... такой страны, как Бельгия.
    (А) площади (Б) площадью
    (В) по площади (Г) с площадью

12. Я очень тронут ... ко мне.
    (А) твоего внимания (Б) твоему вниманию
    (В) твое внимание (Г) твоим вниманием

13. Молодой человек был очарован ... с первой минуты знакомства.
    (А) девушки (Б) девушка
    (В) девушкой (Г) девушке

14. Этот фильм любим ... .
    (А) многими поколениями россиян (Б) многим поколениям россиян
    (В) многих поколений россиян (Г) многие поколения россиян

15. Я остался равнодушным ...: то ли актеры плохо играли, то ли я был не в настроении.
    (А) этому спектаклю (Б) по этому спектаклю
    (В) к этому спектаклю (Г) в этом спектакле

16. Открылась дверь, в кабинет вошел мужчина, одетый ..., с синим галстуком.
    (А) черный костюм (Б) черным костюмом
    (В) в черный костюм (Г) в черном костюме

17. В романе «Анна Каренина» Лев Толстой написал: "Все счастливые семьи похожи ..., каждая несчастливая семья несчастлива по-своему".
    (А) друг на друге (Б) друг на друга
    (В) друг у друга (Г) друг по другу

18. И родители смотрят на директора так, будто они действительно ... виноваты.

（А）на всем （Б）во всем
（В）по всему （Г）о всем

19. Брат женат . . . , у них двое детей.
    （А）на финскую актрису （Б）на финской актрисе
    （В）с финской актрисой （Г）за финской актрисой

20. Я уверен . . . моей любимой футбольной команды.
    （А）в победе （Б）с победой
    （В）к победе （Г）при победе

21. Всем хорошим в своей жизни я обязан . . . .
    （А）книгам （Б）книгами
    （В）книг （Г）книги

22. Девочка стесняется . . . .
    （А）незнакомых людей （Б）незнакомым людям
    （В）от незнакомых людей （Г）с незнакомыми людьми

23. Чтобы достигнуть . . . , необходимо много и серьезно учиться.
    （А）успеха （Б）успех
    （В）успехом （Г）успеху

24. Китай добился . . . за последнее десятилетие, что поразило весь мир.
    （А）огромный прогресс （Б）огромного прогресса
    （В）огромному прогрессу （Г）огромным прогрессом

25. Средний штраф за проезд по спецполосе — 35 евро, а если дело дойдет до суда, можно и . . . лишиться.
    （А）водительские права （Б）водительских прав
    （В）водительским правам （Г）водительскими правами

26. Из уважения к дедушке Алеша не стал возражать . . . .
    （А）его （Б）ему
    （В）им （Г）к нему

27. . . . с трудом даются иностранные языки из-за плохой памяти.
    （А）Он （Б）Его
    （В）Ему （Г）Им

28. Трамвай, троллейбус и метро, использующие в качестве "топлива" электричество, полностью отвечают . . . .
    （А）экологические требования （Б）экологическим требованиям
    （В）на экологические требования （Г）за экологические требования

29. . . . принадлежат оригинальные статьи по геофизике и биологии, философии и языкознанию, социологии и астрономии.
    （А）Его перо （Б）К его перу
    （В）Его перу （Г）Его пером

30. Родители никогда не вмешиваются . . . .
    （А）мои дела （Б）моим делам

(В) в мои дела   (Г) к моим делам

31. Каждому человеку необходимо правильно распорядиться … .
    (А) своему таланту   (Б) своим талантом
    (В) своего таланта   (Г) свой талант

32. Для полноценного развития собака должна питаться … .
    (А) мяса   (Б) мясом
    (В) мясо   (Г) мясу

33. Они были близкие друзья и делились … работы.
    (А) опыт   (Б) опытом
    (В) опыту   (Г) на опыт

34. Войдя в аудиторию, профессор поздоровался … .
    (А) собравшимися студентами   (Б) собравшихся студентов
    (В) с собравшимися студентами   (Г) у собравшихся студентов

35. Илья надолго задумался … из экзаменационного билета.
    (А) с трудным вопросом   (Б) над трудным вопросом
    (В) по трудному вопросу   (Г) о трудном вопросе

36. Ребенок, который заботится … , всегда вырастает добрее.
    (А) о животных   (Б) животных
    (В) животными   (Г) за животными

37. Я нисколько не сомневаюсь … .
    (А) с полученными результатами   (Б) о полученных результатах
    (В) в полученных результатах   (Г) над полученными результатами

38. Родители беспокоятся … , который учится в другом городе.
    (А) своим сыном   (Б) своему сыну
    (В) для своего сына   (Г) о своем сыне

39. Город находится … .
    (А) на 5 километров от Байкала   (Б) в 5 километрах к Байкалу
    (В) в 5 километрах от Байкала   (Г) с 5 километров от Байкала

40. Летний дворец Петра I стоит … .
    (А) на набережной за Невой   (Б) от набережной к Неве
    (В) на набережной Невы   (Г) до набережной Невы

41. Встречи членов Клуба молодых журналистов проходят … .
    (А) на факультете по средам   (Б) к факультету в среду
    (В) от факультета по средам   (Г) у факультета на среду

42. Китайцы очень любят пить чай и часто … угощают … .
    (А) им, друзей и гостей   (Б) им, друзьям и гостям
    (В) его, друзей и гостей   (Г) его, друзьям и гостям

43. За свою долгую и очень нужную людям работу … наградили … Почетного гражданина Москвы.
    (А) Пирогова, званием   (Б) Пирогова, званию

(В) Пирогову, звание （Г) Пирогову, званием

44. Очень благодарим ... оказанную вами поддержку и помощь.
    (А) вас за　　　　　　（Б) вам за
    (В) вас на　　　　　　（Г) вам на

45. Китайский народ внес гигантский вклад ... мировую науку, литературу и искусство.
    (А) в　　　　　　　　（Б) на
    (В) за　　　　　　　　（Г) под

46. Воспитать ... уважение к другим людям, если ты сам их не уважаешь, невозможно.
    (А) детей　　　　　　（Б) в детях
    (В) с детьми　　　　　（Г) на детях

47. Девушка всех удивила ... .
    (А) своим ответом　　（Б) со своим ответом
    (В) своему ответу　　（Г) по своему ответу

48. Заседание комиссии неожиданно перенесли ... .
    (А) на четверг　　　　（Б) до четверга
    (В) к четвергу　　　　（Г) за четверг

49. Мои друзья недавно переехали ... .
    (А) на новую квартиру　　（Б) от новой квартиры
    (В) с новой квартиры　　（Г) к новой квартире

50. Друзья пригласила нас ... .
    (А) на новоселье　　　（Б) с новосельем
    (В) к новоселью　　　（Г) в новоселье

51. Выставка продлится ... .
    (А) через две недели　　（Б) две недели
    (В) на две недели　　　（Г) двумя неделями

52. Солнечная погода стоит уже ... .
    (А) пять дней　　　　（Б) пяти дней
    (В) пятью днями　　　（Г) пяти днях

53. Туристы очень устали ... .
    (А) по трудной дороге　（Б) от трудной дороги
    (В) с трудной дороги　　（Г) у трудной дороги

54. Комиссия установила, что авария случилась ... водителя.
    (А) благодаря ошибке　（Б) из-за ошибки
    (В) с ошибкой　　　　（Г) от ошибки

55. — Внимание! Поезд отправляется ... .
    (А) на 10 минут　　　　（Б) через 10 минут
    (В) за 10 минут　　　　（Г) в 10 минут

56. Рабочий год начинается ... новогодних праздников.
    (А) после окончания　（Б) для окончания
    (В) перед окончанием　（Г) об окончании

57. Регистрация учащихся заканчивается ... до начала экзамена.
   (А) за два рабочих дня (Б) на два рабочих дня
   (В) через два рабочих дня (Г) после двух рабочих дней

58. Новая дисциплина была освоена студентами ... .
   (А) за семестр (Б) на семестр
   (В) к семестру (Г) семестр

59. Для достижения максимального результата на работу надо приходить ... .
   (А) с хорошим настроением (Б) при хорошем настроении
   (В) от хорошего настроения (Г) благодаря хорошему настроению

60. Считается неприличным вставать и уходить ... спектакля.
   (А) с серединой (Б) с середины
   (В) от середины (Г) за серединой

61. ... передали пакет документов, необходимый в работе.
   (А) Из департамента (Б) От департамента
   (В) С департамента (Г) У департамента

62. ... обсуждались вопросы, требующие срочного решения.
   (А) С совещанием (Б) При совещании
   (В) В совещании (Г) На совещании

63. ... возобновлено движение поездов через два дня после проведения ремонтных работ.
   (А) От станции (Б) К станциям
   (В) Между станциями (Г) Через станции

64. ... Российской Федерации каждый человек имеет право на отдых.
   (А) Без Конституции (Б) Из-за Конституции
   (В) Для Конституции (Г) Согласно Конституции

65. — Не знаешь, сколько сейчас времени? — ... .
   (А) Два и три четверти (Б) Четверть до двух
   (В) Четверть и два (Г) Без четверти два

66. ... звоните 01.
   (А) В случае пожара (Б) При условии пожара
   (В) В ситуации пожара (Г) На пожаре

67. По законам физики тела ... расширяются.
   (А) при нагревании (Б) о нагревании
   (В) на нагревании (Г) в нагревании

68. ... данного задания необходимо строго следовать инструкции.
   (А) С выполнением (Б) При выполнении
   (В) В выполнении (Г) Под выполнением

69. ... президентов было подписано несколько важных документов.
   (А) С переговорами (Б) У переговоров
   (В) При переговорах (Г) В ходе переговоров

70. Высокий балл на выпускных экзаменах дает возможность ... в лучших вузах страны.

（А）учеба （Б）о учебе
（В）для учебы （Г）учиться

参考答案

1~7题

(1) 要求 кому-чему 的名词
памятник 纪念碑,纪念像
помощь 帮助,援助

(2) 要求 кем-чем 的名词
владение 掌握
заведующий 主任,经理,负责人
занятие 从事
обмен 交换
овладение 掌握
увлечение 兴致,入迷
управление 管理,控制

(3) 要求 к кому-чему 的名词
интерес 兴趣,趣味
любовь 爱,爱戴
привычка 习惯
симпатия 好感,喜欢
способность 能力,才能
стремление 渴望,追求
требование 要求
уважение 尊敬

(4) 要求 в кого-что 的名词
вера 信心,信念
стук 敲

(5) 要求 на кого-что 的名词
влияние 影响
конкурс 比赛,竞赛,评选,选拔
надежда 希望
обида 怨恨,抱怨
право 权利

（6）要求 над кем-чем 的名词 победа 胜利 работа 钻研	
（7）要求 в ком-чем 的名词 нужда 需要 потребность 需要,要求 сомнение 怀疑,疑问 уверенность 确信,信念 участие 参加	
（8）要求 на ком-чем 的名词 отсутствие 缺席 присутствие 在场,出席	
（9）要求 о ком-чем 的名词 диплом 毕业证书 забота 关心,关怀	

1. 答案：В。解析：памятник кому 纪念碑。译文：1782年在彼得堡的市中心建起了彼得一世的纪念碑。

2. 答案：В。解析：занятие чем 从事。译文：体育运动可以锻炼意志，提高自信心。

3. 答案：Б。解析：заведующий чем 主任，经理。译文：学生们围在俄语教研室主任周围。

4. 答案：А。解析：забота о ком-чем 关心，关怀。译文：这是对我们忠诚朋友健康的治疗和关心。

5. 答案：Г。解析：увлечение чем 入迷。译文：痴迷电子游戏使他丢了工作。

6. 答案：Г。解析：уважение к кому 尊敬。译文：出于对长者的尊重，年轻人给予我们很大的帮助。

7. 答案：А。解析：комитет по туризму 旅游委员会。译文：旅游委员会在会上做出了重要决定。

◉ 8~21 题

（1）要求 кого-чего 的形容词 достойный 值得……的
（2）要求 кому-чему 的形容词 благодарный 感谢的,感激的 известный 有名的,著名的 нужный 需要的,所需的 обязанный 将……归功于……的 подобный 类似的,像……一样的 понятный 可以理解的；容易懂的 равный 等于……的,相等的,相同的

（3）要求 кем-чем 的形容词 бедный 贫乏的 богатый 富的,富有的 больной 有病的 гордый 骄傲的,感到自豪的 довольный 对……感到满意的 занятый 有事的,没有空的,有人占用着的 тронутый 受感动的
（4）要求 для кого-чего 的形容词 благоприятный 有利的,有助于……的
（5）要求 от кого-чего 的形容词 независимый 独立的,不依赖于……的 отличный 与……不同的,有区别的 свободный 空闲的
（6）要求 к кому-чему 的形容词 готовый 准备好的,做好准备的 равнодушный 对……漠不关心的,对……不感兴趣的 способный 能够做……的,有能力的 строгий 严格的
（7）要求 в кого-что 的形容词 влюбленный 爱……的 одетый 穿着衣服的,穿好衣服的
（8）要求 на кого-что 的形容词 похожий 与……相似的,像……的 сердитый 对……生气的
（9）要求 в ком-чем 的形容词 виноватый 有罪的,有过错的 уверенный 确信的,坚信的
（10）要求 на ком-чем 的形容词 женатый（指男子）娶……为妻,同……结了婚的

8. 答案：A。解析：достойный чего 值得……的。译文：如果大学不能以学术自由为己任，那么它就不配称为大学。

9. 答案：A。解析：благодарный кому 感谢的,感激的。译文：我非常感谢所有在困难时刻帮助过我的人。

10. 答案:Б。解析:понятный кому-чему 或 для кого-чего 明白的。译文:题目简单,甚至最差的学生都明白。

11. 答案:А。解析:равный чему 等于……的,相等的。译文:按面积贝加尔湖在世界湖泊中排在第八位,大致相当于比利时的面积。

12. 答案:Г。解析:тронутый чем 受……感动的。译文:您对我的关心让我很感动。

13. 答案:В。解析:очарованный кем-чем 被……迷住的。译文:年轻人刚一认识女孩就被迷住了。

14. 答案:А。解析:любим(阳性)是 любить 的被动形动词短尾,要求主体 многими поколениями 用第五格。译文:这部电影被几代俄罗斯人喜爱。

15. 答案:В。解析:равнодушный к кому-чему 对……漠不关心的,对……不感兴趣的。译文:我对这部话剧不感兴趣,要么就是演员演得不好,要么就是我心绪不佳。

16. 答案:В。解析:одетый во что 穿着衣服的,穿好衣服的。译文:门开了,办公室里走进一位男士,他穿着黑西服,打着蓝领带。

17. 答案:Б。解析:похожий на кого-что 与……相似的,像……的。译文:列夫·托尔斯泰在长篇小说《安娜·卡列尼娜》中写道:"幸福的家庭都是相似的,不幸的家庭各有各的不幸。"

18. 答案:Б。解析:виноватый в чем 有罪的,有过错的。译文:家长那样看着校长,好像所有的错都是他们的。

19. 答案:Б。解析:женатый на ком(指男子)娶……为妻,同……结了婚的。译文:弟弟娶了个芬兰演员,现在他们有两个孩子。

20. 答案:А。解析:уверен в чем 相信。译文:我相信自己喜欢的足球队会胜利。

21. 答案:А。解析:обязан чем кому-чему 把……(чем)归功于……(кому-чему)。всем хорошим 是 все хорошее 的第五格。译文:我把生活中美好的一切都归功于书。

○ 22~38题

(1) 要求 кого-чего 的动词

бояться 害怕
добиваться-добиться 获得
достигать-достигнуть 达到
желать-пожелать 希望
касаться-коснуться 涉及,谈到
лишаться-лишиться 丢失
избегать-избежать 避免
опасаться 害怕
пугаться-испугаться 害怕,畏惧
стесняться-тесниться 害羞,不好意思
требовать-потребовать 要求
хватать-хватить 足够

(2) 要求 кому-чему 的动词

возражать-возразить 反驳, 反对
даваться-даться 容易被理解, 领会
завидовать-позавидовать 羡慕
изменять-изменить 背叛
исполняться-исполниться (年龄) 满
мешать-помешать 妨碍, 打扰
надоедать-надоесть 厌烦, 讨厌
нравиться-понравиться 喜欢, 中意
отвечать-ответить 符合
подражать 模仿
помогать-помочь 帮助
понадобиться 需要, 用得着
предстоять 面临, 面前摆着, 当前要
принадлежать 属于
радоваться-обрадоваться 高兴, 喜欢
следовать-последовать 遵循, 依据
служить 服务
сопротивляться 抵抗, 反抗
способствовать-поспособствовать 促使, 促进
содействовать-посодействовать 协助, 促进
соответствовать 适应于, 相当于
сочувствовать 同情
удивляться-удивиться 惊奇, 惊讶
удовлетворять-удовлетворить 符合

(3) 要求 кем-чем 的动词

болеть 患病
быть 是, 系
владеть 有, 占有, 具有; 统治, 控制; 会使用, 精通
гордиться 骄傲, 自豪
делаться-сделаться 成为, 变为
делиться-поделиться 分享, 分用
дышать 呼吸
жертвовать-пожертвовать 牺牲, 放弃
заведовать 管理, 主持, 领导
заниматься-заняться 着手做 (某事), 从事
интересоваться-заинтересоваться 感兴趣
казаться-показаться 有……的样子, 样子是……, 好像

командовать-скомандовать 指挥
любоваться-полюбоваться 欣赏,观赏,赏玩
называться-назваться 称作,称为
наслаждаться-насладиться 欣赏,享受
обладать 拥有,占有;具有,有
обмениваться-обменяться 交换,互换
объясняться 原因是……
овладевать-овладеть 掌握;占据
ограничиваться-ограничиться 满足于,局限于
оказываться-оказаться 实际上是,原来是
оставаться-остаться 处于(某种状态)
отличаться 特点是
ошибаться-ошибиться 弄错
пахнуть 散发出……味道
питаться 吃,食;靠……提供,利用
пользоваться-воспользоваться 利用,应用,采用;享有,拥有
пренебрегать-пренебречь 忽视
работать 做……工作(职业)
руководить 领导,指导
служить 作为,是
становиться-стать 渐渐形成,变成,成为
считаться 认为
управлять 驾驶,操纵;管理,领导
увлекаться-увлечься 对……入迷,醉心于
угощаться-угоститься 吃(喝)得很香
хвастаться-похвастаться 自夸,自吹
являться-явиться 是

(4) 要求 от кого-чего 的动词
зависеть 依附,依赖,取决于
освобождаться-освободиться 摆脱,脱离
отвыкать-отвыкнуть 戒除,不再习惯于
отказываться-отказаться 拒绝
отличаться-отличиться 与……不同
отрываться-оторваться 脱离,脱落,分离
отставать-отстать 落在……后面
отступать-отступить 后退;放弃
страдать-пострадать 难受,遭受……之害

（5）	要求 к кому-чему 的动词
	готовиться 准备
	относиться-отнестись 对待；属于
	приближаться-приблизиться 接近
	привыкать-привыкнуть 习惯于
	принадлежать 属于……之列
	приступать-приступить 开始，着手，动手
	стремиться 力图，力求
（6）	要求 в кого-что 的动词
	верить 相信
	влюбляться-влюбиться 爱上，钟情于
	вмешиваться-вмешаться 干涉，过问
	вступать-вступить 进入，参加
	играть-сыграть 玩（球类、棋类）
	одеваться-одеться 穿
	превращаться-превратиться 变成，化为
（7）	要求 за кого-что 的动词
	беспокоиться 担心，不安
	болеть 为……加油，助威
	бороться 战斗，奋斗
	браться-взяться 着手，开始做
	голосовать-проголосовать 投票，投票表决
	отвечать-ответить 对……负责
	приниматься-приняться 着手，开始，动手
（8）	要求 на кого-что 的动词
	влиять-повлиять 影响
	делиться-разделиться 分成，划分成
	действовать-подействовать 起作用
	жаловаться-пожаловаться 埋怨，诉苦
	надеяться 希望，期待
	нападать-напасть 进攻，攻击
	наступать-наступить 进攻
	обижаться-обидеться 受委屈，生气
	опираться-опереться 依赖，依靠；依据
	отвечать-ответить 回答
	сердиться-рассердиться 发怒，生气
	соглашаться-согласиться 同意
	подписываться-подписаться 订阅
	приходиться-прийтись （时间）适逢与……一致

（9）要求 за кем-чем 的动词	
	наблюдать 观察,观测;照看,监督
	следить 照料,监视
	ухаживать 服侍,照料
（10）要求 над кем-чем 的动词	
	думать-подумать 思索,思考
	работать 研究,从事,致力于
	смеяться 笑,嘲笑
	трудиться 致力于,埋头做
（11）要求 перед кем-чем 的动词	
	извиняться-извиниться 向……道歉
（12）要求 с кем-чем 的动词	
	бороться 与……斗争
	знакомиться-познакомиться 熟悉,了解
	справляться-справиться 胜任,办得到
	советоваться-посоветоваться 商量
	совпадать-совпасть 与……相符
	соглашаться-согласиться 承认;赞同
（13）要求 в ком-чем 的动词	
	заключаться-заключиться 在于,归结为
	нуждаться 需要
	ошибаться-ошибиться 弄错
	признаваться-признаться 承认
	разбираться-разобраться 研究明白,了解清楚
	сомневаться 怀疑
	состоять 在于
	убеждаться-убедиться 信服,相信,确信
	участвовать 参加
（14）要求 на ком-чем 的动词	
	жениться 男子结婚;娶妻
	настаивать-настоять 坚持
	отсутствовать 缺席
	присутствовать 出席
	сосредоточиваться-сосредоточиться 集中
（15）要求 о ком-чем 的动词	
	беспокоиться 担心
	договариваться-договориться 谈妥,约定
	заботиться-позаботиться 关心

22.答案:A。解析:стесняться-стесниться кого-чего 害羞,不好意思。译文:小女孩怕见生人。

23.答案:A。解析:достигать-достигнуть чего 获得。译文:为了取得成功,必须多努力学习。

24.答案:Б。解析:добиваться-добиться чего 获得。译文:中国在近十年取得了巨大的成就,震惊世界。

25.答案:Б。解析:лишаться-лишиться чего 失去。译文:在专用车道上行驶平均罚款是35欧元,如果起诉到法院,可能会吊销驾照。

26.答案:Б。解析:возражать-возразить кому-чему 反驳,反对。译文:出于对爷爷的尊敬,阿廖沙没有反驳他。

27.答案:В。解析:даваться-даться кому 容易被理解、领会。译文:由于记忆力不好,他学外语很吃力。

28.答案:Б。解析:отвечать чему 符合。译文:无轨电车、有轨电车、地铁用电做"燃料",这完全符合生态要求。

29.答案:В。解析:принадлежать кому-чему 属于。译文:他写了许多关于地球物理学、生物学、哲学、语言学、社会学和天文学等方面的原创性论文。

30.答案:В。解析:вмешиваться-вмешаться во что 干涉,过问。译文:父母从不干涉我的私事。

31.答案:Б。解析:распоряжаться-распорядиться чем 掌握,支配。译文:每个人都要正确把握自己的才华。

32.答案:Б。解析:питаться чем 吃,食。译文:为了全面发育,狗必须吃肉。

33.答案:Б。解析:делиться-поделиться чем 分享,分用。译文:他们是亲近的朋友,经常交流工作经验。

34.答案:В。解析:здороваться-поздороваться с кем 和……打招呼。译文:教授走进教室,和集合的大学生打招呼。

35.答案:Б。解析:задумываться-задуматься над чем 思考。译文:伊利亚对考签上的难题思考了很长时间。

36.答案:A。解析:заботиться-позаботиться о ком-чем 关心。译文:关心动物的孩子长大都更善良。

37.答案:В。解析:сомневаться в чем 怀疑。译文:我对取得的成绩一点儿都不怀疑。

38.答案:Г。解析:беспокоиться о ком-чем 担心。译文:家长担心在另一个城市上学的儿子。

39.答案:В。解析:в скольких километрах от чего 离……公里处。译文:城市位于离贝加尔湖5公里处。

40.答案:В。解析:на набережной 在河边。译文:彼得一世的夏宫位于涅瓦河畔。

41.答案:A。解析:по средам 每逢星期三。译文:每周三系里举办年轻记者俱乐部成员见面会。

42~50题

要求两个接格关系的动词

благодарить-поблагодарить кого за что 感谢
включать-включить кого-что во что 列入，编入
вносить-внести что во что 送进，记入，载入
возлагать-возложить что на кого-что 赋予（责任、使命等），寄托（希望、期待等）
вооружать-вооружить кого-что чем 以……武装（装备）……
воспитывать-воспитать что в ком 培养，使养成（某种习惯、思想）
делать-сделать кого-что каким 使……变成……
делить-разделить что на что 把……分成……
желать-пожелать кому чего 祝愿
защищать-защитить кого-что от чего 保护……免于……
лишать-лишить кого кого-чего 使……失去……
награждать-наградить кого чем 奖给，授予
назначать-назначить кого кем 任命……做……
называть-назвать кого-что кем-чем 把……称作……
наносить-нанести что кому-чему 招致，带来
напоминать-напомнить кому о чем 提醒
обеспечивать-обеспечить кого-что чем 供给，用……保证……
огорчать-огорчить кого-что чем 使不快，使伤心
одевать-одеть кого во что 给……穿（衣服）
отличаться-отличиться чем от кого-чего 与……不同的特点是……
подозревать кого в чем 怀疑
поздравлять-поздравить кого с чем 向……祝贺
посвящать-посвятить что кому-чему 把……献给……
превращать-превратить кого-что во кого-что 把……变成……
предпочитать-предпочесть кого-что кому-чему 认为……比较好，比……好
предупреждать-предупредить кого о чем 警告
признавать-признать кого-что каким 承认，认为；认定
призывать-призвать кого-что к чему 要求，号召
принимать-принять что за что 把……当作……
присваивать-присвоить что кому 授予（称号等），以……命名
приучать-приучить кого к чему 使习惯于，使养成习惯
считать-счесть кого-что кем-чем 把……看作……，认为……是……
тратить-потратить что на кого-что 花费
требовать-потребовать чего от кого 要求
угощать-угостить кого чем 宴请，请吃
уделять-уделить что чему 分出，抽出，拨出
удивлять-удивить кого чем 使惊奇，使惊讶；使大吃一惊
упрекать-упрекнуть кого в чем 指责

42. 答案：А。解析：угощать-угостить кого чем 宴请，请吃。译文：中国人喜欢喝茶，也常用茶来招待朋友和客人。

43. 答案：А。解析：награждать-наградить кого чем 奖给，授予。译文：皮罗戈夫因长期做人们所需要的工作而被授予莫斯科荣誉市民的称号。

44. 答案：А。解析：благодарить-поблагодарить кого за что 感谢。译文：非常感谢您给予我们的大力支持和帮助。

45. 答案：А。解析：вносить-внести что во что 送进，记入，载入。译文：中国人民为世界科学、文学和艺术做出了巨大贡献。

46. 答案：Б。解析：воспитывать-воспитать что в ком 培养，使养成（某种习惯、思想）。译文：如果你自己都做不到尊重他人的话，培养孩子尊重他人是不可能的。

47. 答案：А。解析：удивлять-удивить кого чем 让……吃惊。译文：女孩的回答让所有人都很吃惊。

48. 答案：А。解析：переносить-перенести что на какое время 把……改到……时间。译文：委员会会议突然改到星期四。

49. 答案：А。解析：переезжать-переехать на новую квартиру 乔迁新居。译文：我的朋友们不久之前乔迁新居。

50. 答案：А。解析：новоселье 乔迁酒宴。译文：朋友们邀请我们参加乔迁酒宴。

51. 答案：Б。解析：длиться-продлится 持续。две недели 用第四格，表示时间的持续。译文：展览将持续两天。

52. 答案：А。解析：пять дней 用第四格，表示时间的持续。译文：阳光灿烂的日子已经持续五天了。

53~54题

(1) 表示原因意义的前置词 из

前置词 из 与第二格名词连用，通常表示出自于行为主体本身的思想感情、性格特点或主观倾向性的原因。由此原因所引起的行为往往是自觉的、有意识的，这种原因一般是主体自身具备的。常与 из 连用的名词有 любовь（爱），ненависть（恨），любопытство（好奇心），боязнь（胆怯），скромность（谦虚），гордость（骄傲），вежливость（礼貌），уважение（尊敬），благодарность（感谢）等。例如：

Из уважения к старику девочка встала, чтобы тот сел на её место.（出于对老人的尊敬小女孩站了起来，让老人坐她的位子。）

Я спрашивал об этом просто *из любопытства*.（我问此事纯粹是出于好奇。）

(2) 表示原因意义的前置词 от

前置词 от 使用范围很广，它通常用来表示主体（人或物）的状态或状态的变化，也可以表示主体的不自觉的行为。от 加名词第二格构成的原因可以是主体自身的，也可以是外界的。

常与 от 连用的名词有 боль（疼痛），радость（高兴），голод（饥饿），волнение（紧张）等。

常与 от 连用的动词有 заболеть（得病），заплакать（哭），побледнеть（发白），волноваться（激动），испугаться（害怕），крикнуть（叫喊）等。例如：

Ребёнок громко плачет *от сильной боли*.（因为剧烈的疼痛孩子大哭。）

Наташа так устала *от работы*, что заснула прямо на диване. (娜塔莎工作得太累,以至于直接在沙发上就睡着了。)

前置词 от 还用于表示人或物痛苦或死亡的原因,与之连用的动词有 страдать(难过,受苦),погибнуть(死亡),умереть(死)等。例如:

В этом году этот район пострадал *от засухи.*(今年这个地区遭受了旱灾。)

Вчера ночью все цветы в парке погибли *от мороза.*(昨夜公园里的所有花都冻死了。)

(3) 表示原因意义的前置词 из-за

前置词 из-за 与第二格名词连用,一般用于表示引起不良结果、不希望发生的事情的外部原因。例如:

Из-за дождя экскурсия не состоялась.(游览因下雨而未能成行。)

Приятели поссорились *из-за пустяков.*(朋友因一点小事争吵起来。)

из-за 还可以与表示人的名词或人称代词连用,如 из-за Миши, из-за тебя, 表示由于某人的原因而产生不希望发生的行为。例如:

Я опоздал *из-за брата.*(由于弟弟的原因我迟到了。)意思是 Я опоздал по вине брата.

Из-за него мы не смогли закончить работу в срок.(因为他我们未能如期完工。)

(4) 表示原因意义的前置词 за

за 与第四格名词连用时,通常与表示奖励、处分等意义的动词搭配,如 благодарить(感谢),наградить(奖赏),хвалить(称赞),ценить(评价),подарить(赠送),наказать(惩罚),любить(爱),ругать(斥骂),критиковать(批评),осудить(斥责)等。例如:

Я благодарю его *за помощь.*(我感谢他的帮助。)

За отличную учебу его наградили медалью.(由于学习成绩优异,奖给他一枚奖章。)

(5) 表示原因意义的前置词 благодаря

前置词 благодаря 在多数情况下表示引起良好结果的原因,它来源于由 благодарить 构成的副动词。此外 благодаря 一般表示外部原因,但有时也可以表示主体自身的内部原因。与 благодаря 搭配的名词范围相当广泛。例如:

Я справился с этой работой только *благодаря вам.*(由于您的帮助,我才胜任了这一工作。)

Благодаря доктору больной выздоровел.(多亏医生,病人康复了。)

53. 答案:Б。解析:前置词 от 表示原因。译文:游客们因为艰难的路程而劳累。

54. 答案:Б。解析:из-за 表示产生不好结果的原因。译文:委员会确定,事故发生的原因是司机的错误造成的。

55. 答案:Б。解析:через 10 минут 十分钟后。译文:注意,火车10分钟后开车。

56. 答案:А。解析:после чего 在……之后。译文:每年的工作在新年节日之后开始。

57. 答案:А。解析:за … до … 在……之前……时间。译文:学生注册在考试之前两个工作日开始。

58. 答案:А。解析:за что 在……时间内。译文:我们的课程学生一个学期就掌握了。

59. 答案:А。解析:с хорошим настроением 带着好心情。译文:为了取得最好的业绩,上班应该保持好的心情。

60. 答案:Б。解析:с чего 从……时候。译文:话剧演出中途起身离场被认为是不礼貌的。

61. 答案:А。解析:из чего 从……那里。译文:从办公厅转来一份工作必须的文件。

62. 答案:Г。解析:на совещании 在会上。译文:在会上讨论了需要紧急解决的问题。

63. 答案:В。解析:между станциями 在车站之间。译文:修理工作完成两天后,车站之间恢复列车运行。

64. 答案:Г。解析:согласно чему 根据。译文:根据俄罗斯联邦宪法每个人都有休息的权利。

65. 答案:Г。解析:без четверти два 差一刻两点。译文:"请问,现在几点?""差一刻两点。"

66. 答案:А。解析:в случае чего 在……情况下。译文:火灾时拨打01。

67. 答案:А。解析:при нагревании 在加热时。译文:根据物理定律物体在受热时膨胀。

68. 答案:Б。解析:при чем 在……时。译文:在完成这项任务时必须严格遵守规则。

69. 答案:Г。解析:в ходе чего 在……过程中。译文:在总统谈判过程中签订了几个重要文件。

⊙ **70题**

　　动词不定式做抽象名词的非一致定语。可以要求不定式做定语的抽象名词主要有以下几种:表示愿望、爱好等意义的名词,如 желание(希望)、надежда(希望,期望)、стремление(渴望)、мечта(幻想,向往)等;表示可能、能力、性质、习惯等意义的名词,如 умение(会,能力)、привычка(习惯)等;表示应该、必然意义的名词,如 необходимость(必要性)、обязанность(义务,职责)等;表示希望、要求、命令、允许意义的名词,如 просьба(请求,要求)、требование(要求,需要)、предложение(建议)等。例如:

　　У меня *мечта объехать* весь мир. (我有一个周游世界的理想。)

　　Из-за тяжелой болезни мой отец потерял возможность *трудиться*. (由于重病我的父亲失去了工作能力。)

---

70. 答案:Г。解析:учиться 做抽象名词 возможность 的非一致定语。译文:在毕业考试中取得的高分数让他有机会在国内最好的大学学习。

(三)第三部分练习

　　形动词和副动词考试部分,除了选正确答案之外,还有一部分是用选项中的正确答案替换试题中的斜体部分(形动词、副动词)。

1. Всем очень нравятся картины этого художника, ... классические традиции.
　　(А) продолжаемые　　　　　　(Б) продолжающего
　　(В) продолжаемого　　　　　　(Г) продолженного

2. Не сохранилось ни одного портрета, ... этого политического деятеля в молодости.
　　(А) изображаемого　　　　　　(Б) изображающего
　　(В) изображая　　　　　　　　(Г) изобразив

3. Прекрасен вид, ... с галереи учебного корпуса университета.

(А) открывающийся   (Б) открывавшийся
(В) открываемый   (Г) открытый

4. Лекарство, *которое значительно укрепляет иммунитет*, разрабатывается российскими учёными.

(А) укрепляющее иммунитет   (Б) укреплявшее иммунитет
(В) укрепив иммунитет   (Г) укрепляя иммунитет

5. Я плохо понял правило, *которое излагается в этом параграфе*.

(А) излагавшееся в этом параграфе   (Б) излагавшее в этом параграфе
(В) излагающееся в этом параграфе   (Г) излагающее в этом параграфе

6. Колокольня, *поднимающаяся над Кремлем*, является одним из символов Москвы.

(А) которая поднимается над Кремлем   (Б) которая поднялась над Кремлем
(В) которая поднималась над Кремлем   (Г) которая будет подниматься над Кремлем

7. Компания, *производящая эти приборы*, появилась на рынке два года назад.

(А) которая производила эти приборы   (Б) которая будет производить эти приборы
(В) которая производит эти приборы   (Г) которая произведет эти приборы

8. В этой книге собраны воспоминания человека, всю жизнь ... воспитанию детей.

(А) посвящающего   (Б) посвященного
(В) посвятившего   (Г) посвящаемого

9. Учитель серьезно поговорил с учеником, не ... вчера контрольные задания.

(А) выполняющим   (Б) выполняемым
(В) выполненным   (Г) выполнившим

10. В прошлом году в стране, ... развивать пищевую промышленность, был создан специальный комитет в составе правительства.

(А) решившей   (Б) решаемый
(В) решенный   (Г) решающей

11. Проект, ... создание нового микрорайона, обсуждали вчера на заседании комитета по градостроительству.

(А) предусмотревший   (Б) предусмотренный
(В) предусматривающий   (Г) предусматриваемый

12. М. Цветаева и А. Ахматова были внимательными читателями Пушкина, *которые внесли значительный вклад в исследование его поэзии*.

(А) внесшими значительный вклад в исследование его поэзии
(Б) внося значительный вклад в исследование его поэзии
(В) вносив значительный вклад в исследование его поэзии
(Г) вносившие значительный вклад в исследование его поэзии

13. Ломоносов был создателем российской грамматики, *которая заложила основы нормативов русского языка*.

(А) заложившей основы нормативов русского языка
(Б) закладывающей основы нормативов русского языка
(В) заложив основы нормативов русского языка

(Г) закладывая основы нормативов русского языка

14. Международный кинофестиваль, *прошедший летом в Ереване*, имел большой успех.

　　(А) который проходил летом в Ереване　　(Б) который пройдет летом в Ереване

　　(В) который прошел летом в Ереване　　(Г) который проходит летом в Ереване

15. Члены комиссии приветливо улыбнулись молодому человеку, *вошедшему в кабинет*.

　　(А) который входит в кабинет　　(Б) который вошел в кабинет

　　(В) к которому вошел в кабинет　　(Г) к которому входил в кабинет

16. Научные семинары, *организуемые нашей кафедрой*, пользуются большой популярностью среди коллег из других городов.

　　(А) которые организует наша кафедра　　(Б) которую организует наша кафедра

　　(В) которые организовала наша кафедра　　(Г) которых организует наша кафедра

17. В книге подробно описаны методы, *которые применяет народная медицина*.

　　(А) применяющие народную медицину　　(Б) применяемые народной медициной

　　(В) примененные народной медициной　　(Г) применившие народную медицину

18. Здание Академии художеств, ... в XVIII в. в стиле русского классицизма, отличается строгостью форм.

　　(А) построенное　　(Б) построившее

　　(В) строящее　　(Г) строя

19. В центре Дворцовой площади находится Александровская колонна, ... по проекту О. Монферрана.

　　(А) создающая　　(Б) созданная

　　(В) создававшая　　(Г) создаваемая

20. Средний заработок рассчитывается по правилам, *установленным в Положении о заработной плате*.

　　(А) которые установили в Положении о заработной плате

　　(Б) которые устанавливают в Положении о заработной плате

　　(В) которые будут устанавливать в Положении о заработной плате

　　(Г) которые установят в Положении о заработной плате

21. При ООН давно функционирует ряд экономических комиссий, *сформированных по региональному принципу*.

　　(А) которые сформировали по региональному принципу

　　(Б) которые будут сформированы по региональному принципу

　　(В) которые будут формироваться по региональному принципу

　　(Г) которые сформируются по региональному принципу

22. Эксперименты, *которые закончились с положительным результатом*, были представлены на ученом совете.

　　(А) законченные с положительным результатом

　　(Б) заканчиваемые с положительным результатом

　　(В) заканчивающиеся с положительным результатом

　　(Г) закончив с положительным результатом

23. Ты опять потерял перчатки, *которые тебе вчера купили*.

    (А) купленные только вчера (Б) покупавшие только вчера
    (В) покупающие только вчера (Г) купившие только вчера

24. Диетологи утверждают, что шоколад благотворно действует на работу сердца, ... кровообращения.

    (А) улучшающий (Б) улучшенный
    (В) улучшив (Г) улучшая

25. ... выполнять задание, надо заранее обдумать все детали.

    (А) Начинающий (Б) Начиная
    (В) Начав (Г) Начинавший

26. ..., Сергей громко поздоровался.

    (А) Вошедший в комнату (Б) Войдя в комнату
    (В) Входивший в комнату (Г) Входящий в комнату

27. ... в разных странах, я узнал много нового и интересного.

    (А) Бывая (Б) Побывав
    (В) Бывший (Г) Бывающий

28. ... со своего места, Валерий быстро вышел из аудитории.

    (А) Встав (Б) Вставая
    (В) Вставший (Г) Встающий

29. ... колледж, я смог поступить в университет.

    (А) Окончив (Б) Оканчивающий
    (В) Окончивший (Г) Оканчивая

30. Брат *со смехом* рассказывал о своей поездке на дачу.

    (А) смеясь (Б) смеявшийся
    (В) посмеявшийся (Г) посмеявшись

31. *Уезжая за границу*, не забудьте взять свой паспорт.

    (А) После отъезда за границу (Б) Когда уедете за границу
    (В) Когда уехали за границу (Г) Когда будете уезжать за границу

32. *Приезжая в незнакомый город*, я стараюсь познакомиться с его историей.

    (А) Несмотря на то, что я приезжаю в незнакомый город
    (Б) Так как я приезжаю в незнакомый город
    (В) Хотя я приезжаю в незнакомый город
    (Г) Когда я приезжаю в незнакомый город

33. Я всегда хожу по комнате, *когда разговариваю по телефону*.

    (А) разговаривая по телефону (Б) говоривший по телефону
    (В) разговаривавший по телефону (Г) сказав по телефону

34. Город, *по мере того как расширялся*, становился красивее.

    (А) расширившись (Б) расширяясь
    (В) расширенный (Г) расширяющийся

35. *По окончании университета* Петр вернулся в родной город.

(А) После того, как окончил университет (Б) В то время как оканчивал университет
(В) Когда оканчивал университет (Г) Пока оканчивал университет

36. *Опубликовав статью*, она получила гонорар.
    (А) После публикации статьи (Б) Во время публикации статьи
    (В) При публикации статьи (Г) До публикации статьи

37. *После того как решите свои проблемы*, позвоните мне на работу.
    (А) Решив свои проблемы (Б) Решая свои проблемы
    (В) Решившие свои проблемы (Г) Решающие свои проблемы

38. Все дети, *как только вернулись с прогулки*, собрались в классе.
    (А) приходя с прогулки (Б) приходящие с прогулки
    (В) пришли с прогулки (Г) придя с прогулки

39. *Немного отдохнув*, вы сможете вернуться к работе.
    (А) Так как немного отдыхаете (Б) Если немного отдыхаете
    (В) Хотя немного отдыхаете (Г) Если вы немного отдохнёте

40. *Если вы пригласили гостей*, не забудьте приготовить ужин.
    (А) Пригласившие гостей (Б) Приглашавшие гостей
    (В) Приглашая гостей (Г) Пригласив гостей

41. Моя подруга, *выучив французский язык*, уехала работать во Францию.
    (А) если выучила французский язык (Б) хотя выучила французский язык
    (В) поэтому выучила французский язык (Г) поскольку выучила французский язык

42. Дети, *потеряв дорогу в лесу*, только поздно вечером добрались до дома.
    (А) когда потеряли дорогу в лесу (Б) так как потеряли дорогу в лесу
    (В) если потеряли дорогу в лесу (Г) хотя потеряли дорогу в лесу

43. Я купил путёвку в Грецию, *так как мечтал увидеть Акрополь*.
    (А) мечтая увидеть Акрополь (Б) помечтав увидеть Акрополь
    (В) мечтавший увидеть Акрополь (Г) помечтавший увидеть Акрополь

44. *Придя на концерт заранее*, мы всё равно не смогли занять хорошие места.
    (А) Когда мы пришли на концерт заранее (Б) Так как мы пришли на концерт заранее
    (В) Хотя мы пришли на концерт заранее (Г) Если мы пришли на концерт заранее

45. ..., помогая человеку расслабиться.
    (А) Сон даёт отдых (Б) Сон даст отдых
    (В) Даётся отдых (Г) Будет дан отдых

46. Собираясь летом путешествовать, ...
    (А) всё необходимое куплено весной (Б) весной я болел
    (В) я купил всё необходимое весной (Г) весна прошла спокойно

47. Отправляя на почте письмо, пожалуйста, ...
    (А) я не забуду наклеить марку (Б) не забудь наклеить марку
    (В) наклеить бы марку (Г) марка уже есть на конверте

48. ..., много часов занимаясь в библиотеке.
    (А) Студенты готовятся к экзамену (Б) Пора готовиться к экзамену

（В）Студенты готовы к экзамену　　（Г）Скоро экзамен у студентов

49. Написав письмо, … .
 （А）он пошел на почту　　（Б）было поздно
 （В）почта была закрыта　　（Г）бумага закончилась

50. Возвратившись на родину, … .
 （А）мне придется искать работу　　（Б）мне предложат работу
 （В）я долго ищу работу　　（Г）с работой будут проблемы

参考答案

1~7题

主动形动词是通过人或事物本身发出的行为来表示该人、该事物的特征，在句中起定语作用，回答 какой 的问题。形动词可以带有说明词，它可以位于被说明的词之前或之后。如果它在被说明的词之前，一般不加标点符号；如果在被说明的词之后，则须用逗号与句子其他部分隔开。现在时主动形动词表示与谓语动词的行为同时发生的行为，意义相当于"正在……的"。例如：

Брат получил письмо от друга, *работающего* на заводе. （弟弟收到了一个在工厂工作的朋友的来信。）句中 работающего 由 работать 构成，未完成体、现在时、不及物，说明名词 друг 阳性、单数、第二格。

Студенты были на экскурсии на заводе, *находящемся* далеко от центра города. （大学生们参观了一座离市中心很远的工厂。）

Наш город, *растущий* с каждым годом, становится все красивее. （我们的城市每年都在发展，越来越漂亮。）

В читальном зале много *занимающихся* студентов. （阅览室里有很多在学习的大学生。）

Живущие в Москве друзья часто пишут Андрею. （或 Друзья, *живущие* в Москве, часто пишут Андрею.）（住在莫斯科的朋友们经常给安德烈来信。）

Мы видим *летящий* на юг самолет. （或 Мы видим самолет, *летящий* на юг.）（我们看见往南飞行的飞机。）

1. 答案：Б。解析：продолжающего 和 художника 保持性、数、格的一致。译文：大家都喜欢这位画家的画作，他延续了古典传统。

2. 答案：Б。解析：изображающего 和 портрета 保持性、数、格的一致。译文：描绘这位政治家年轻时的肖像一幅也没保存下来。

3. 答案：А。解析：открывающийся 和 вид 保持性、数、格的一致。译文：从大学教学楼的长廊可以看到美景。

4. 答案：А。解析：укрепляющее 和 лекарство 保持性、数、格的一致。译文：俄罗斯科学家正在研制显著增强免疫力的药物。

5. 答案：В。解析：излагающееся 和 правило 保持性、数、格的一致。译文：这节中讲述的规则我不太理解。

6. 答案:A。解析:поднимающаяся 和 колокольня 保持性、数、格的一致。译文:矗立在克里姆林宫上方的钟楼是莫斯科的象征之一。

7. 答案:B。解析:производящая 和 компания 保持性、数、格的一致。译文:生产这些仪器的公司两年前就出现在市场上。

◎ 8~15 题

过去时主动形动词用来表示事物的特征,该特征表现为事物在说话时刻前发生过(或完成了)的行为或动作,相当于汉语的"曾经……过的"或"……完了的"。例如:

Студенты, *посетившие* выставку, узнали много нового и интересного. (参观过展览会的大学生了解到很多新的有趣的东西。)句中 посетившие 由动词 посетить 构成,完成体、过去时、及物,说明名词 студенты 复数、第一格。

Я послал по почте книгу другу, *учившемуся* вместе со мной в одном институте. (我给曾和我在一所学院学习的朋友寄去一本书。)

Студенты, *овладевшие* одним иностранным языком, начали изучать другой. (掌握了一门外语的大学生,开始学习第二外语。)

Преподаватель не сразу узнал *вошедшего* студента. (老师没有立即认出进来的大学生。)

Написавший диссертацию аспирант обратился к профессору за советом. (写好了论文的研究生找教授征询意见。)

Я навестил *приехавшего* из деревни друга. (或 Я навестил друга, *приехавшего* из деревни.)(我拜访过从农村来的朋友。)

8. 答案:Б。解析:всю жизнь 是 посвятившего 要求的第四格。译文:这本书里收集了把整个一生献给培养孩子的人。

9. 答案:Г。解析:выполнившим 和 учеником 保持性、数、格的一致。译文:老师严肃地和昨天没做测验题的学生进行了谈话。

10. 答案:A。解析:решившей 和 стране 保持性、数、格的一致。译文:去年国家决定发展食品工业,为此政府成立了专门委员会。

11. 答案:A。解析:предусмотревший 和 проект 保持性、数、格的一致。译文:昨天在城市建设委员会的会议上讨论了建设新小区的方案。

12. 答案:A。解析:внесшими 和 читателями 保持性、数、格的一致。译文:茨维塔耶娃和阿赫马托娃是普希金最认真的读者,她们为研究普希金的诗歌做出了巨大贡献。

13. 答案:A。解析:заложившей 和 грамматики 保持性、数、格的一致。译文:罗蒙诺索夫是俄语语法的创建者,该语法为俄语的规范奠定了基础。

14. 答案:B。解析:прошедший 和 кинофестиваль 保持性、数、格的一致。译文:在埃里温举办的国际电影节大获成功。

15. 答案:Б。解析:вошедшему 和 человеку 保持性、数、格的一致。译文:委员会成员向走进办公室的年轻人礼貌地笑了一下。

● 16~23题

现在时被动词说明它所表示的行为的客体,表示"正被……的、由……的"等意思,在句子中一般做一致定语。未完成体现在时被动形动词可以表示和句中谓语同时发生的动作。例如:

Мы слушали все лекции, *читаемые* нашими профессорами.（我们听了教授们的所有讲座。）

На выставке мы видели много новейших машин, *производимых* в Китае.（我们在展览会上看到了许多中国制造的最新的机器。）

Мобильники, *выпускаемые* этим заводом, известны всей стране.（或 *Выпускаемые* этим заводом машины известны всей стране.）（这个厂生产的手机全国闻名。）

完成体过去时被动形动词表示在谓语动作之前已完成的动作。例如:

Люба показала мне *купленный* ей вчера словарь.（柳芭把她昨天买的词典拿给我看。）

Мы купили словарь в книжном магазине, *открытом* недавно на этой улице.（我们在不久前这条街上开业的书店买了本词典。）

В аудитории лежит куртка, *забытая* каким-то студентом.（教室里有一件学生落下的夹克衫。）

16. 答案:А。解析:организуемые 和 семинары 保持性、数、格的一致。译文:教研室举办的学术讨论在其他城市来的同事中间得到赞誉。

17. 答案:Б。解析:применяемые 和 методы 保持性、数、格的一致。译文:书中详细记载了民族医学应用的方法。

18. 答案:А。解析:построенное 和 здание 保持性、数、格的一致。译文:18世纪俄罗斯古典主义风格的美术学院大楼的特点是外形上非常严谨。

19. 答案:Б。解析:созданная 和 колонна 保持性、数、格的一致。译文:宫廷广场上的亚历山大柱是蒙费兰设计的。

20. 答案:А。解析:установленным 和 правилам 保持性、数、格的一致。译文:平均工资是根据工资理论确定的方法计算的。

21. 答案:А。解析:сформированных 和 комиссий 保持性、数、格的一致。译文:在联合国很早就有许多根据区域原则形成的经济委员会发挥职能。

22. 答案:А。解析:законченные 和 эксперименты 保持性、数、格的一致。译文:以良好结果结束的实验被提交到学术委员会。

23. 答案:А。解析:купленные 和 перчатки 保持性、数、格的一致。译文:你又把昨天给你买的手套丢了。

◉ 24~25题

　　未完成体副动词表示和它所说明的动词谓语同时发生的次要行为。副动词可以单独使用,也可以带有本身的补语或状语构成副动词短语。

　　(1)副动词可以做方式状语。例如:

　　Студенты шли по берегу реки, *молча*.(学生们沿着河岸默默行走。)

　　Девочка читает газету, *улыбаясь*.(小女孩微笑着读报纸。)

　　(2)未完成体副动词体的意义仍然起着重要作用。例如:

　　Прощаясь, друг крепко пожал мне руку.(告别时朋友紧紧握住我的手。)

　　Поднимаясь по лестнице, они громко разговаривали.(上楼时他们大声交谈。)

24.答案:Г。解析:未完成体副动词表示时间意义。译文:营养专家确定,巧克力很好地促进心脏工作,改善血液循环。

25.答案:Б。解析:未完成体副动词表示过程意义。译文:开始完成任务的时候,应该提前考虑好所有细节。

◉ 26~29题

　　完成体副动词一般表示发生在句中的主要行为(即动词谓语)之前的附加行为,说明谓语行为发生的时间、原因、条件等,做状语。完成体副动词可以表示过去时和将来时意义。例如:

　　Окончив университет, Андрей стал переводчиком.(大学毕业后安德烈当上了翻译。)句中副动词表示过去时意义。相当于:

　　Когда Андрей *окончил* университет, он стал переводчиком.

　　Окончив университет, Андрей станет переводчиком.(大学毕业后安德烈要当翻译。)句中副动词表示将来时意义。相当于:

　　Когда Андрей *окончит* университет, он станет переводчиком.

26.答案:Б。解析:相当于 Когда Сергей вошел в комнату。译文:谢尔盖走进教室,大声地打招呼。

27.答案:Б。解析:相当于 Когда я побывал в разных странах。译文:当我在不同国家的时候,我知道了很多有趣的事情。

28.答案:А。解析:相当于 После того как Валерий встал со своего места。译文:瓦列里从座位上站起来,快速走出教室。

29.答案:А。解析:相当于 После того как я окончил。译文:职校毕业后,我得以考上大学。

30~44题

副动词短语表示时间意义：

(1) 未完成体副动词可以单独使用，也可以与其本身的补语或状语一起构成副动词短语，副动词短语可以用从句来替代，需要注意的是未完成体副动词表示与主句中动词行为同时发生，所以副动词短语换成从句时，该动词可能是现在时、过去时或将来时。例如：

Дочь слушает сказку по радио, *улыбаясь*. (女儿微笑地听着广播里讲的童话故事。)

可替换为：

Дочь слушает сказку по радио и *улыбается*. (现在时)

Студентка сидела у стола, *читая* газету. (女大学生坐在桌旁看报纸。)

可替换为：

Студентка сидела у стола и *читала* газету. (过去时)

(2) 完成体副动词的基本用法是表示在被说明动词的行为之前发生或之后发生。例如：

Проснувшись, он сразу взялся за работу. (他醒来之后立刻着手工作。)

可替换为：

Когда он проснулся, он сразу же взялся за работу.

Позавтракав, студенты пошли на занятия. (吃过早饭，大学生们就去上课了。)

可替换为：

После того как студенты позавтракали, они пошли на занятия.

副动词短语的其他意义：

副动词一般用来修饰动词谓语，除了表示时间(同时发生或先后发生)意义，还可以表示原因、条件、让步、目的、方法、结果等意义，有时还可以同时表示多种意义。

(1) 副动词短语表示原因意义，可用带连接词 *потому что* 或 *так как* 的原因从句替换。例如：

Не *поняв* вопроса, студент не смог ответить на экзамене. (因为没明白问题，大学生考试时没答出来。)

可替换为：

Студент не смог ответить на экзамене, *потому что* он не понял вопроса.

(2) 副动词短语表示条件意义，可用带 *если* 的条件从句替换。例如：

Применив новый метод, фабрика может перевыполнить норму. (如果采用新的方法，工厂就能超额完成定额。)

可替换为：

Если фабрика применит новый метод, она может перевыполнить норму.

(3) 副动词短语表示让步意义，可用带 *хотя* 的让步从句替换。例如：

Хорошо *подготовившись*, он всё же не смог ответить на экзамене. (尽管他准备得很好，但他在考试中还是没有回答出来。)

可替换为：

Хотя он хорошо подготовился, он всё же не смог ответить на экзамене.

30. 答案:А。解析:副动词相当于副词。译文:哥哥笑着讲述了他去别墅的事情。

31. 答案:Г。解析:副动词表示时间意义。译文:出国的时候,不要忘了带护照。

32. 答案:Г。解析:副动词表示时间意义。译文:每到一个陌生的国家,我都努力了解它的历史。

33. 答案:А。解析:副动词表示时间意义。译文:打电话的时候,我总是在房间走来走去。

34. 答案:Б。解析:副动词表示时间意义。译文:随着城市的扩建,它越发美丽。

35. 答案:А。解析:前置词词组表示时间意义。译文:大学毕业后彼得回到了家乡。

36. 答案:А。解析:副动词表示时间意义。译文:发表文章后,她收到了稿费。

37. 答案:А。解析:副动词表示时间意义。译文:解决了自己的问题后,给我往单位打个电话。

38. 答案:Г。解析:副动词表示时间意义。译文:游玩回来后,所有孩子都集合在教室里。

39. 答案:Г。解析:副动词表示条件意义。译文:如果你稍微休息一下,就能重返工作岗位。

40. 答案:Г。解析:副动词表示条件意义。译文:如果你邀请了朋友,别忘了准备晚饭。

41. 答案:Г。解析:副动词表示原因意义。译文:我的朋友因为掌握法语,去法国工作了。

42. 答案:Б。解析:副动词表示原因意义。译文:因为孩子们在森林中迷了路,很晚才回到家。

43. 答案:А。解析:副动词表示原因意义。译文:我买了去希腊的旅游券,因为想想看卫城。

44. 答案:В。解析:副动词表示让步意义。译文:尽管我们到演唱会的时间比较早,但还是没能占到好的座位。

⊙ 45~50 题

副动词表示和它所说明的动词谓语同时发生的次要行为,它和动词谓语表示的行为属于同一主体。例如:

Прочитав текст, мы начали учить новые слова. (读完课文,我们开始学习生词。)

可以替换为:

Когда мы *прочитали* текст, мы начали учить новые слова.

Возвращаясь домой, они дружески беседовали. (回家的路上,他们进行了友好的交谈。)

可以替换为:

Когда они *возвращались* домой, они дружески беседовали.

因此,在表示两个动作属于不同主体的结构中不能使用副动词。例如:

Когда я *болел*, меня навещали друзья. (我生病时,朋友们来看我。/句中 болел 的主体为я,而 навещали 的主体却是 друзья,该句不能用副动词短语替换)

Когда я *возвращался* домой, пошел дождь. (我回家的时候,下起了雨。/不能替换为: *Возвращаясь* домой, пошел дождь.)

在无人称句中,如果两个动词属于同一个主体,通常可以使用副动词。例如:

Возвращаясь домой, мне надо было переезжать речку. (回家的路上,我要穿过一条小河。)

Всесторонне обсудив тему, надо начать работу. (全面讨论题目后,应该开始工作了。)

45. 答案:А。解析:помогая 的主体是 сон。译文:梦让人休息,帮助人放松。

46. 答案:В。解析:собираясь 的主体是 я。译文:因为打算夏天去旅行,春天我就买了所有必备的东西。

47. 答案:Б。解析:未完成体副动词表示过程意义。译文:在邮局寄信时,别忘了贴邮票。

48. 答案:A。解析:занимаясь 的主体是 студенты。译文:学生们准备考试,在图书馆学习几个小时。

49. 答案:A。解析:написав 的主体是 он。译文:写完信,他去邮局了。

50. 答案:A。解析:主体一致,可以使用副动词。译文:回到家乡以后,我不得不找工作。

(四)第四部分练习

复合句(连接词和关联词)部分,除了选正确答案之外,还有一部分是用选项中的正确答案替换试题中的斜体部分。

1. Сегодня погода очень плохая, ... на завтра обещают, что день будет тёплый, солнечный.
   (А) и (Б) против
   (В) а (Г) тоже

2. Прозвенел звонок, ... школьники остались сидеть за партами, заканчивая сочинение.
   (А) но (Б) и
   (В) а (Г) зато

3. Я уже выходил из квартиры, ... телефонный звонок задержал меня.
   (А) зато (Б) но
   (В) так как (Г) раз

4. В Москве туристы осмотрели Кремль, познакомились они ... с известными пригородными ансамблями.
   (А) а (Б) также
   (В) но (Г) зато

5. Мой руководитель не сомневается ..., что я закончу работу в срок.
   (А) в том (Б) с тем
   (В) к тому (Г) при том

6. Проблема заключается ..., чтобы успеть закончить исследования в такой короткий срок.
   (А) о том (Б) с тем
   (В) на том (Г) в том

7. Преимущество уровневого тестирования по русскому языку состоит ..., что обучающийся хорошо знает свои плюсы и минусы.
   (А) в том (Б) на том
   (В) при том (Г) о том

8. Каждый руководитель должен быть уверен ..., что его концепция успешна.
   (А) в том (Б) на то
   (В) о том (Г) для того

9. Моряки на потерпевшей аварию подводной лодке были уверены, ... им обязательно помогут.

（А）чтобы　　　　　　　　　　（Б）будто
（В）как　　　　　　　　　　　（Г）что

10. В газете я прочитал, … .
    （А）что лето будет холодным　　（Б）чтобы лето было холодным
    （В）было ли лето холодным　　　（Г）холодное лето

11. Надеясь, … родители приедут завтра, брат решил их встретить сам.
    （А）что　　　　　　　　　　（Б）чтобы
    （В）как　　　　　　　　　　（Г）когда

12. Трудно предвидеть, … вы рискуете, путешествуя по Африке.
    （А）чем　　　　　　　　　　（Б）чему
    （В）чего　　　　　　　　　　（Г）что

13. Человек уникален, и трудно представить себе, … может приспособиться человек.
    （А）для кого　　　　　　　　（Б）к чему
    （В）о ком　　　　　　　　　（Г）без чего

14. Мне передали просьбу друзей, … завтра я пришел на вечеринку пораньше.
    （А）будто　　　　　　　　　（Б）чтобы
    （В）что　　　　　　　　　　（Г）как

15. Новая песня, … исполнил молодой певец, всем понравилась.
    （А）на которую　　　　　　　（Б）которой
    （В）о которой　　　　　　　（Г）которую

16. Мы хорошо ответили на вопросы, … задал преподаватель.
    （А）который　　　　　　　　（Б）которые
    （В）которым　　　　　　　　（Г）на которые

17. Вчера я встретила подругу, … мы не виделись несколько лет.
    （А）которой　　　　　　　　（Б）которую
    （В）с которой　　　　　　　（Г）у которой

18. Здесь уже нет школы, … они учились.
    （А）которую　　　　　　　　（Б）на которой
    （В）который　　　　　　　　（Г）в которой

19. Известный ученый, с работами … знакомы все студенты-филологи, прочитает лекцию на Пушкинских чтениях.
    （А）которого　　　　　　　　（Б）какого
    （В）которому　　　　　　　　（Г）чьими

20. Недавно мои однокурсники ездили в Волгоград, подвигом … восхищается весь мир.
    （А）которого　　　　　　　　（Б）которым
    （В）который　　　　　　　　（Г）которому

21. Недавно я прочитал такую интересную книгу, … еще никогда не читал.
    （А）какую　　　　　　　　　（Б）которую
    （В）чью　　　　　　　　　　（Г）такую

22. Это была такая ночь, … уже я никогда не видела после.

(А) который (Б) какой
(В) чего (Г) какую

23. Поздравлять с праздниками тех людей, ... вы работаете — залог успешной коммуникации.

(А) о ком (Б) с кем
(В) без кого (Г) перед кем

24. Сегодня состоится встреча с писателем, ... рассказами мы уже успели познакомиться.

(А) в чьих (Б) с чьими
(В) о чьих (Г) по чьим

25. Нам никогда не забыть город, ... мы недавно должны были уехать.

(А) откуда (Б) где
(В) какого (Г) которого

26. В Москве работает обновленный планетарий, ... проходят необыкновенно интересные экскурсии для детей и взрослых.

(А) откуда (Б) поэтому
(В) когда (Г) где

27. Нам довелось жить в XX столетии, ... мир не раз был на краю пропасти.

(А) где (Б) когда
(В) в каком (Г) откуда

28. Отложи все свои дела, ... начальник незамедлительно требует отчет.

(А) когда (Б) из-за чего
(В) хотя (Г) поэтому

29. Студенты сразу зашумели, ... прозвенел звонок.

(А) перед тем как (Б) как только
(В) пока (Г) пока не

30. Нужно все тщательно взвесить, ... поступать в медицинский вуз.

(А) прежде чем (Б) пока
(В) после того как (Г) как только

31. ... ты переведешь текст, сможешь пойти погулять.

(А) По мере того, как (Б) С тех пор, как
(В) Пока (Г) После того, как

32. Таня продолжает курить, ... врачи давно рекомендовали ей бросить.

(А) так как (Б) хотя
(В) поэтому (Г) или

33. ... стояла морозная погода, мы продолжали спать на открытой террасе.

(А) Если (Б) Несмотря на то что
(В) Раз (Г) Благодаря тому что

34. Мы остановились, ... полюбоваться на разведение мостов над Невой.

(А) что (Б) как
(В) чтобы (Г) когда

35. ... были построены мощные очистные комплексы, экологическая обстановка на Балтике

значительно улучшилась.

(А) Хотя (Б) Если
(В) Так как (Г) Что

36. ... солнечные лучи вредны после 12 часов, мы уходим рано с пляжа.

(А) Как (Б) Из-за того что
(В) Потому что (Г) С тем чтобы

37. *При предъявлении паспорта на границе*, необходимо снять с него обложку.

(А) Хотя вы предъявляете паспорт на границе
(Б) Если вы предъявили паспорт на границе
(В) Когда предъявляете паспорт на границе
(Г) Поэтому вы предъявляете паспорт на границе

38. *При прослушивании текста* найдите ответы на несколько вопросов.

(А) Так, как будете слушать текст (Б) Как только прослушаете текст
(В) После того, как прослушаете текст (Г) В то время как будете слушать текст

39. *Думая о прочитанном*, как бы видишь перед собой события собственной жизни.

(А) Когда я думаю о прочитанном (Б) Если я думаю о прочитанном
(В) Когда думаешь о прочитанном (Г) Если думаю о прочитанном

40. Подростки и молодые люди, *побывав в разных странах*, запоминают много нового и интересного.

(А) когда бывают в разных странах (Б) потому что бывают в разных странах
(В) хотя побывают в разных странах (Г) поэтому бывают в разных странах

41. *Рассмотрев данные примеры*, мы поняли новое грамматическое правило.

(А) Когда мы рассмотрели данные примеры
(Б) Несмотря на то что мы рассмотрели данные примеры
(В) Поэтому мы рассмотрели данные примеры
(Г) Перед тем как мы рассмотрели данные примеры

42. Перед поездкой на дачу мы пошли в магазин *купить продукты*.

(А) чтобы купить продукты (Б) раз купить продукты
(В) поэтому купить продукты (Г) прежде чем купить продукты

43. Татьяна снова приехала в наш город *навестить свою старую учительницу*.

(А) когда навестила свою старую учительницу
(Б) потому что навестила свою старую учительницу
(В) чтобы навестить свою старую учительницу
(Г) если хотела навестить свою старую учительницу

44. Родители дали Лене совет *продолжить учебу в Петербурге*.

(А) как она продолжит учебу в Петербурге (Б) если она продолжит учебу в Петербурге
(В) чтобы она продолжила учебу в Петербурге (Г) что она продолжит учебу в Петербурге

45. *За работой* мы совсем забыли об обеде.

(А) После работы (Б) Во время работы
(В) Перед работой (Г) От работы

46. *По невнимательности* он совершил ошибки, которые мог бы избежать.

    （А）Благодаря невнимательности　　（Б）Когда он был невнимательным

    （В）Ибо он был невнимательным　　（Г）Из-за невнимательности

47. Виктор промолчал *из уважения к своим собеседникам*.

    （А）так как уважал своих собеседников　　（Б）хотя уважал своих собеседников

    （В）когда уважал своих собеседников　　（Г）если уважал своих собеседников

48. Секретарь спросила посетителя：«*Могу я вам предложить чай?*»

    （А）что она может предложить чай　　（Б）может ли она предложить чай

    （В）как она может предложить чай　　（Г）когда он может предложить чай

49. Дедушка спросил меня：«*Ты уже обедал*»?

    （А）обедал я ли уже　　（Б）если я уже обедал

    （В）обедал ли я уже　　（Г）обедал я уже

50. Мой научный руководитель высказал мне пожелание：«*Читайте больше!*»

    （А）что я читаю больше　　（Б）чтобы прочитал больше

    （В）чтобы я читал больше　　（Г）что читал больше

参考答案

1~4 题

常用的对别连接词有 a(而)，однако(但是)，но(但是,可是)，зато(但是,而)，не столько..., сколько...(与其……,不如……)等。

连接词 a 用得最广泛,一般其前面要有逗号；но 表示对立关系；однако 与 но 意义相近,多用于书面语；зато 带有补偿意义,即 зато 所接的分句表示的意思是好的,是对前一个分句(表示不好)的补偿。例如：

Ученье — свет, *а* не ученье — тьма.（学则明,不学则暗。）

Концерт кончился, *но* никто не расходился.（音乐会结束了,但谁也没有离开。）

Ветер утих, *однако* волнение на море продолжалось.（风停了,但是海面仍然波涛汹涌。）

Юля плохо танцует, *зато* хорошо поет.（尤莉娅舞跳得不好,但是歌唱得好。）

Эта ошибка объясняется *не столько* тем, что он неопытен, *сколько* тем, что он слишком самоуверен.（犯这个错误与其说是他没有经验,不如说他太自负。）

1. 答案：В。解析：a 表示对比。译文：今天天气不好,而预报明天天气暖和、阳光明媚。

2. 答案：А。解析：но 表示转折。译文：下课铃响了,但学生们仍坐在座位上写作文。

3. 答案：Б。解析：но 表示转折。译文：我正要走出房间,但电话铃把我耽搁了。

4. 答案：Б。解析：также 甚至。译文：在莫斯科,游客参观了克里姆林宫,他们甚至了解了城外著名的建筑群。

⦿ 5~8 题

指示词位于主句中,起某种句子成分的作用,但又不表示任何具体意义,其具体意义由从句来揭示。主句中的指示词有时是必须的,有时是可有可无的,有时是不需要的。指示代词、指示副词、部分限定代词和顺序数词均可做指示词,如 тот, такой, так, там, всё, первый。这些指示词的用法与它们做指示代词或指示副词的用法相同,如变化、作用等。主句中的指示词通常与从句中的连接词或关联词相呼应。例如:

Дело в *том*, что никто не пришел(问题在于谁也没来。/必须有指示词 то)

Я не знаю(*то*), что он заболел.(我不知道他生病了。/不需要指示词 то)

Важно(*то*), что он поступил в университет.(重要的是他已经考入了大学。/指示词 то 可有可无,通常不用)

~~~~~~~~~~~~~~~~~~~~~~~~~~~~~~~~~~~~

5. 答案:A。解析:сомневаться в чем 怀疑。译文:我的领导不怀疑我能按期完成工作。

6. 答案:Г。解析:заключаться в чем 在于。译文:问题在于,必须在那么短的期限内要完成研究。

7. 答案:A。解析:состоять в чем 在于。译文:俄语水平等级考试的优势在于,学习者能够了解自己的长处与短处。

8. 答案:A。解析:уверен в чем 相信。译文:每个领导都应该相信他的观念是有成效的。

⦿ 9~14 题

连接词 что 连接的说明从句表示现实存在的事实。чтобы 连接的说明从句表示实际上不存在的事实,只是一种假设,如果从句与主句中的主体不同,受 чтобы 的要求从句中的谓语要用过去时。试比较:

Он сказал, *что* все пришли.(他说大家都来了。)

Он сказал, *чтобы* все пришли.(他说让大家都来。)

一些动词,如 говорить — сказать(说), писать — написать(写), передавать — передать(转告), сообщать — сообщить(通知), звонить — позвонить(打电话), напоминать — напомнить(提醒), предупреждать — предупредить(警告)之后可用带连接词 что 和 чтобы 的说明从句,但意义不同。带 что 的从句表述的是事实,带 чтобы 的从句表达的是愿望和请求,句中的 чтобы 可用词组 что надо, что должен 替换。例如:

Саша передал мне, *чтобы* я присутствовал на сегодняшнем собрании.(萨沙转告我说要我出席今天的会议。)

这个句子也可以说成:

Саша передал мне, *что я должен* присутствовать на сегодняшнем собрании. 或:

Саша передал мне, *что мне надо* присутствовать на сегодняшнем собрании.

记住下列情况：

(1) 主句中有用来说明具有"应该""必需"意义的谓语副词，如 надо（应该），нужно（需要），необходимо（必须），желательно（祝愿）等，从句用 чтобы 连接。例如：

Нужно, *чтобы* все пришли вовремя.（需要大家准时到）。

Желательно, *чтобы* у вас была замечательная экскурсия.（希望你们旅行愉快）。

(2) 主句中有表示希望、打算等意义的动词，如 хотеть（想），хотеться（想），желать — пожелать（祝愿），мечтать（幻想），стараться — постараться（试图），добиваться — добиться（达到）等，从句用 чтобы 连接。例如：

Отец хочет, *чтобы* сын поступил в институт.（父亲希望儿子能考上大学。）

Он хочет, *чтобы* друг к нему приходил почаще.（他希望朋友经常来自己这儿做客。）

但主句中有表示希望的 надеяться（希望），从句用 что 连接。例如：

Я надеюсь, *что* они приедут к нам в гости.（我希望他们到我们家做客。）

Родители надеются, *что* сын поступит в педагогический институт.（家长希望儿子能考入师范学院。）

(3) 主句中有表示要求、建议等意义的动词，如 требовать — потребовать（要求），велеть（吩咐），приказывать — приказать（命令），заставлять — заставить（迫使），просить — попросить（请求），советовать — посоветовать（建议），предлагать — предложить（建议），рекомендовать — отрекомендовать（推荐）等，从句用 чтобы 连接。例如：

Требуется, *чтобы* все приехали вовремя.（需要大家准时到。）

Мама велела, *чтобы* сын купил соль.（妈妈吩咐儿子去买盐。）

9. 答案：Г。解析：уверен 接连接词 что，表示相信。译文：失事的潜水艇上的船员相信，一定会有人救他们。

10. 答案：А。解析：что 是说明从句的连接词。译文：我在报纸里读到，夏天会很凉。

11. 答案：А。解析：надеяться 接连接词 что。译文：哥哥希望父母明天能来，他要亲自去接。

12. 答案：А。解析：чем 是关联词，受 рисковать 要求变第五格。译文：很难预见你在非洲旅行时会有什么危险。

13. 答案：Б。解析：что 是关联词，受 приспособиться 要求变 к чему。译文：人都是独一无二的，很难想象他能适应什么。

14. 答案：Б。解析：句中有 просьба，所以用 чтобы。译文：有人转告朋友的请求，让我明天早点儿去参加晚会。

⊙ 15~20 题

关联词 который 指代主句中的某个名词，与该名词同性、数，而格则取决于它在从句中的地位，根据需要可以带前置词。例如：

Ко мне пришел друг, *который* живет в городе.（住在城里的朋友到我这儿来了。）

Брат уже прочитал книгу, *которую* я вчера ему купил.（弟弟已经看完了我昨天给他买的那本书。）

Студенты, *которым* помогал преподаватель, теперь учатся лучше. (老师帮助过的大学生现在学习好些了。)

Я позвонил сестре, от *которой* я давно не получал письма. (我给很久没有来信的姐姐打了电话。)

Деревня, в *которой* я жил раньше, находится за рекой. (以前我住过的村子在河边。)

关联词 который 指代主句中的动物名词时,其变化与动物名词变化相同。例如:

Профессор, *которого* мы очень любим, приходил ко мне вчера. (我们喜欢的教授昨天到我这儿来过了。)

Андрей встретил в музее архитектора, с *которым* он познакомился год назад. (在博物馆安德烈遇见了一年前他认识的建筑师。)

15. 答案:Г。解析:которую 用阴性与песня 一致,用第四格受 исполнил 要求。译文:年轻歌手演唱的新歌大家都喜欢。

16. 答案:Б。解析:которые 用复数与 вопросы 一致,用第四格受 задал 要求。译文:我们很好地回答了老师提出的问题。

17. 答案:В。解析:с которой 用阴性与 подругу 一致,用前置词 с 受 видеться 要求。译文:昨天我遇见了朋友,我和她已经几年没见了。

18. 答案:Г。解析:в которой 用阴性与 школа 一致,用前置词 в 受 учиться 要求。译文:他们一起上学的学校已经没有了。

19. 答案:А。解析:которого 用阳性与 ученый 一致,用第二格做 работами 的非一致定语。译文:语文系大学生都相当熟悉其作品的著名学者将在普希金阅读会上做演讲。

20. 答案:А。解析:которого 用阳性与 Волгоград 一致,用第二格做 подвигом 的非一致定语。译文:不久前我的同年级同学去了功勋为世界赞叹的伏尔加格勒。

21~22 题

关联词 какой 连接的限定从句与 который 连接的限定从句在限定事物的特征时意义不同。试比较:

Я нашел ручку, *которую* я потерял. (我找到了我丢的那支钢笔。)

Я нашел ручку, *какую* я потерял. (我找到了一支我丢的那样的钢笔。)

21. 答案:А。解析:какую 用阴性与 книгу 一致,用第四格受 читал 要求。译文:不久前我读了一本特别有趣的书,那样的书以前没读过。

22. 答案:Б。解析:какой(阴性第二格)用阴性与 ночь 一致,用第二格是及物动词被否定之后接第二格。译文:这样的夜晚后来我再也没见过。

23 题

当限定主句中名词化的代词 тот，та，те，все，каждый，всякий，любой 时，常用 кто，不用 который。例如：

Тот, *кто* всегда понимает меня, — мой отец.（总能理解我的人是我父亲。）

Каждый, *кому* нужны знания, должен учиться.（每一个需要知识的人都应该学习。）

关联词 кто 可以限定主句中的表人名词，此时 кто 和 который 的用法基本相同，也可以用 который 来替换。试比较：

Все преподаватели, кто *согласился/согласились* со мной, приняли участие в научной конференции.（所有同意我观点的老师都参加了学术会议。/从句的谓语多用 согласился，也可以用 согласились）

Все преподаватели, которые *согласились* со мной, приняли участие в научной конференции.（所有同意我观点的老师都参加了学术会议。/从句的谓语只能用 согласились）

23. 答案：Б。解析：кто 指代 людей，用前置词 с 受 работаете 要求。译文：祝贺和你一起工作的同事节日快乐，这是交际成功的保证。

24 题

带 чей 的限定从句表示一种所属关系，即 чей 在从句中限定的人或事物属于主句中被限定的名词或名词化的词所表示的人或事物。чей 的性、数、格与从句所限定的名词一致。例如：

Я был рад увидеть друга, *чьи* советы мне были нужны.（我很高兴见到我的朋友，他的建议我很需要。）

Это та артистка, *чьим* пением я очень интересуюсь.（这就是那位唱歌让我非常感兴趣的演员。）

24. 答案：Б。解析：с чьими рассказами 受 познакомиться 要求。译文：今天要举办和作家的见面会，他的小说我们已经了解了。

25～26 题

关联词 где，куда，откуда 限定主句中具有地点意义的名词，如 место（位置），город（城市）等，在从句中做状语，有时也可以用带前置词的 который 的间接格来替代。例如：

В прошлом году я был в деревне, *где/в которой* родился мой отец.（去年我去过父亲出生的农村。）

В прошлом году я был в деревне, *откуда/из которой* отец приехал.（去年我去过父亲来自的那个农村。）

В прошлом году я был в деревне, *куда/в которую* отец уехал.（去年我去过父亲去的那个农村。）

25. 答案:А。解析:用 откуда 受 уехать 要求。译文:我们永远不可能忘记我们不久前应该离开的城市。

26. 答案:Г。解析:где 相当于 в котором。译文:莫斯科有一座重新装修的天文馆,在那儿孩子和成人进行特别有意思的参观。

⊙ 27 题

　　关联词 когда 表示时间,主句中被限定的词通常是表示时间概念的名词,如 время(时间)、период(时期)、год(年)、день(天)、минута(时刻)等,少数情况下可以用带前置词的который 的间接格替换。带关联词 когда 的限定从句还可以限定主句中表示状态意义的抽象名词,如 положение(状况)、состояние(状态)、случай(事情)、обстоятельство(状况)等,这时 когда 一般不能用 который 代替。例如:

　　День, *когда* я поступил в университет, навсегда останется в моей памяти.(考入大学的那一天将永远留在我的记忆中。)

　　Мать часто вспоминает то время, *когда* мы жили в деревне.(母亲常常回想起我们住在农村的那些日子。)

27. 答案:Б。解析:。译文:我们生活在世界不止一次处于深渊边缘的20世纪。

⊙ 28~31 题

　　时间从句表示主句行为发生的时间。从句通常与整个主句或其谓语部分发生联系。从句常用 когда(在……的时候,在……以后)、пока(当……时候)、после того, как…/после того как…(在……以后/逗号可以省略,即 после того как。其他类似连接词逗号均可省略)、с тех пор, как…/с тех пор как…(从……时候起)、перед тем как(在……以前)、как только(刚……)、до тех пор, пока не…(直到……时候为止,在没有……之前)等连接词。

28. 答案:А。解析:когда 表示同时关系。译文:当领导马上需要报告,你就要放下自己的事。
29. 答案:Б。解析:как только 刚……。译文:刚一响铃,学生们马上喧哗起来。
30. 答案:А。解析:перед чем 在……以前。译文:报考医科大学之前,要认真衡量。
31. 答案:Г。解析:после того, как… 在……以后。译文:翻译完课文之后,你可以出去逛逛。

32~33 题

хотя(尽管)是让步从句最常用的连接词。从句可位于主句之前、之中或之后。主句中常用的对别连接词 но, да, однако 等与主语相呼应。例如:

Они не смогли справиться с задачей, хотя сидели над ней очень долго. (虽然他们想了很久,还是没能解出这道题。)

连接词 несмотря на то что(尽管)带有书面语色彩,连接词可能用逗号分开,即写成 несмотря на то, что…,从句可以在主句之首、之后或句中。例如:

Несмотря на то, что он очень старался, у него ничего не получилось. (尽管他特别努力,可还是一事无成。)

32. 答案:Б。解析:хотя 尽管。译文:塔尼亚继续吸烟,尽管医生很早就建议她戒烟。

33. 答案:Б。解析:несмотря на то что 尽管。译文:尽管天气很冷,我们还是睡在开放的凉台上。

34 题

目的从句指明主句中行为发生的目的,常用连接词 чтобы, для того чтобы, с тем чтобы 等与主句连接。如果主句与从句中的主体(注意是主体,而不是主语)相同,则从句中的动词谓语用不定式;如果主句与从句中的主体不同,从句中的动词用过去时。例如:

Мы занимаемся спортом для того, чтобы быть здоровыми. (我们为了拥有健康的身体而进行体育锻炼。/主句和从句的行为主体都是 мы,从句中动词用不定式)

Чтобы овладеть русским языком, мы много занимаемся. (为了掌握俄语,我们用功学习。/主句和从句中行为主体都是 мы,从句中动词用不定式)

34. 答案:В。解析:чтобы 表示目的。译文:我们停下来,想欣赏一下涅瓦河上的开桥。

35~36 题

连接词 так как(因为,由于)表示原因时,从句既可以放在主句之前,也可以放在主句之后。例如:

Студент не пришел на занятия, так как он заболел. (学生没来上课,因为他生病了。/也可以说成:*Так как студент заболел, он не пришел на занятия.*)

Так как было поздно, мы вернулись домой. (因为天色已晚,我们就回家了。/也可以说成:*Мы вернулись домой, так как было поздно.*)

35. 答案:В。解析:так как 因为。译文:因为建了很强大的净化工程,波罗的海的生态状况明显好转。

36. 答案：Б。解析：из-за того что（因为）常用表示阻碍行为实现的不利原因,译成"因为"。译文：因为12点以后太阳光线有害,我们早早就离开了浴场。

37. 答案：В。解析：при чем в……情况下。译文：在边境出示护照时,必须拿掉护照皮。

38. 答案：Г。解析：при чем в……情况下。译文：在听课文的时候,请找出几个问题的答案。

39. 答案：В。解析：副动词表示时间意义。译文：当你想起读过的东西,就好像你眼前看见自己生活的点点滴滴。

40. 答案：А。解析：副动词表示时间意义。译文：当孩子和年轻人身处异国他乡时,就会记住很多新鲜有趣的东西。

41. 答案：А。解析：副动词表示时间意义。译文：看完给出的例子,我们就明白新的语法规则。

42. 答案：А。解析：动词不定式做补语表示目的意义。译文：在去别墅之前我们去了商店买食品。

43. 答案：В。解析：动词不定式做补语表示目的意义。译文：塔季扬娜又来到我们的城市看望自己以前的老师。

44. 答案：В。解析：动词不定式做补语表示目的意义。译文：父母给列娜建议让她继续在彼得堡学习。

45. 答案：Б。解析：за работой 在工作的时候。译文：工作的时候我们忘了吃饭。

46. 答案：Г。解析：前置词 по 和 из-за 都表示原因。译文：因为不认真他犯了本可以避免的错误。

47. 答案：А。解析：前置词 из 表示原因。译文：维克托出于对交谈者的尊重保持沉默。

48. 答案：Б。解析：ли 在句中做连接词。译文：秘书问来访者："您想喝杯茶吗？"

49. 答案：В。解析：ли 在句中做连接词。译文：爷爷问我："你吃饭了吗？"

50. 答案：В。解析：直接引语和间接引语相互转换。译文：我的导师说出了对我的祝愿："多读书！"

（五）第五部分练习

1. ... искусству — вот цель великих артистов.
   （А）Служба （Б）Служение
   （В）Выслуга （Г）Заслуга

2. ... сына в университет — праздник для всей нашей семьи.
   （А）Поступок （Б）Проступок
   （В）Преступление （Г）Поступление

3. ... профессии надо очень хорошо подумать.
   （А）При выборах （Б）При выборе
   （В）При выбирании （Г）При выборке

4. Мой брат — очень ... человек.
   （А）общий （Б）общественный
   （В）общинный （Г）общительный

5. Для быстрого изучения иностранного языка необходимо регулярное выполнение ... задания.

   (А) домовитого   (Б) домового
   (В) одомашненного   (Г) домашнего

6. ... век — это период первобытной культуры человеческой цивилизации.

   (А) Каменеющий   (Б) Окаменелый
   (В) Каменный   (Г) Каменистый

7. В магазине «Охота и рыбалка» можно купить все ... принадлежности.

   (А) рыбьи   (Б) рыбные
   (В) рыбацкие   (Г) рыболовные

8. Успокаивающе действует на психику человека ... музыка.

   (А) медлительная   (Б) медленная
   (В) замедляющая   (Г) замедленная

9. Я с радостью ношу свитер, ... бабушкой.

   (А) дарственный   (Б) подаренный
   (В) дареный   (Г) даровой

10. В отличие от документального фильма художественный фильм — это ... фильм.

    (А) игральный   (Б) игровой
    (В) игровный   (Г) игорный

11. У некоторых птиц, например, у ласточек, ... хвост.

    (А) двойной   (Б) двойственный
    (В) раздвоенный   (Г) двоякий

12. Всю неделю шёл дождь, и клубника стала ... и несладкой.

    (А) водной   (Б) водяной
    (В) водянистой   (Г) водораздельной

13. У бабушки был необыкновенный серый ... кот.

    (А) дымный   (Б) дымовой
    (В) дымящий   (Г) дымчатый

14. Все соседи приходили в гости любоваться мамиными ... клумбами.

    (А) цветочными   (Б) цветными
    (В) цветовыми   (Г) отцветшими

15. Муж говорит, что его жена — ... хозяйка.

    (А) экономная   (Б) экономическая
    (В) экономичная   (Г) экономящая

16. Все противоречия устранены, и две страны подписали ... договор.

    (А) мировой   (Б) миролюбивый
    (В) мирный   (Г) мирской

17. Сергей Петрович — большой любитель ... музыки.

    (А) классной   (Б) классической
    (В) классовой   (Г) классицистической

18. Виталий еще ни разу не был за границей, летом он хочет ... поехать.
    (А) куда-нибудь   (Б) куда-то
    (В) кое-куда   (Г) куда-либо

19. Если вы едете сутки в поезде, вам необходимо взять с собой ... еду.
    (А) кое-какую   (Б) какую-нибудь
    (В) какую-никакую   (Г) всякую

20. — Тебе лучше ... посоветоваться в такой трудной ситуации.
    (А) что-то   (Б) с кем-нибудь
    (В) с кем-то   (Г) что-нибудь

21. ... на полях еще лежит снег, хотя уже апрель.
    (А) Где-нибудь   (Б) Куда-нибудь
    (В) Где-то   (Г) Кое-где

22. На новом заводе положение улучшилось, дела ... хорошо.
    (А) ведут   (Б) выходят
    (В) ходят   (Г) идут

23. Когда рядом друзья, время ... очень быстро.
    (А) проходит   (Б) выйдет
    (В) выходит   (Г) ходит

24. Мой дядя часто ... меня в зоологический музей.
    (А) носит   (Б) водит
    (В) ходит   (Г) идет

25. Эта книга ... в свет недавно, но уже стала библиографической редкостью.
    (А) пришла   (Б) дошла
    (В) вошла   (Г) вышла

26. Подруги ... в автобусе и проехали свою остановку.
    (А) говорили   (Б) заговорились
    (В) сказали   (Г) договорились

27. Степан решил продолжать учиться, но потом вдруг ... .
    (А) продумал   (Б) выдумал
    (В) раздумал   (Г) додумал

28. Аквалангист медленно ... на поверхность.
    (А) подплывает   (Б) плавает
    (В) заплывает   (Г) всплывет

29. Мы думали, что дерево погибло, а оно ... .
    (А) выжило   (Б) зажило
    (В) прожило   (Г) дожило

30. Владимир Александрович ... долгую жизнь. Он помнит многие события начала века.
    (А) выжил   (Б) пережил
    (В) пожил   (Г) прожил

31. — К сожалению, Ваш план работы неудачный, его придется ... .

(А) выработать (Б) переработать
(В) заработать (Г) проработать

32. — Простите, я, кажется, ... вам на ногу.
    (А) наступил (Б) поступил
    (В) вступил   (Г) выступил

33. Пожилой мужчина ... и упал.
    (А) поступился (Б) заступился
    (В) оступился   (Г) вступился

34. Я сдал контрольную работу преподавателю, но, кажется, забыл ее ... .
    (А) расписать (Б) подписать
    (В) записать   (Г) прописать

35. После окончания университета сестра хочет ... на курсы дизайнеров.
    (А) вписаться (Б) подписаться
    (В) записаться (Г) прописаться

36. Сосед ... меня покупать эту модель компьютера, поскольку она неудачная.
    (А) уговорил   (Б) отговорил
    (В) переговорил (Г) обговорил

37. Если я буду отвечать и что-нибудь забуду — ... мне потихоньку, ладно?
    (А) перескажи (Б) подскажи
    (В) выскажи   (Г) предскажи

38. Он ... в темноту, но ничего не мог увидеть.
    (А) всматривался   (Б) присматривался
    (В) просматривался (Г) засматривался

39. Посетители с интересом ... по сторонам. Красота помещения их поразила.
    (А) засматривались (Б) всматривались
    (В) осматривались   (Г) присматривались

40. Ну что ты меня так пристально ... ?
    (А) разглядываешь (Б) выглядываешь
    (В) подглядывать (Г) оглядываешь

41. Мне осталось ... всего несколько страниц. Завтра я смогу вернуть книгу в библиотеку.
    (А) начитать (Б) зачитать
    (В) вычитать (Г) дочитать

42. Она ... разных бульварных романов и думает, что все это правда.
    (А) дочиталась (Б) зачиталась
    (В) начиталась (Г) отчиталась

43. Свободные территории начали ... новыми современными зданиями.
    (А) застраиваться (Б) достраиваться
    (В) надстраиваться (Г) встраиваться

44. Ты знаешь, она может ..., что произойдет в ближайшем будущем.
    (А) завидеть (Б) предвидеть

（В）видеться （Г）увидеться

45. Мне ... с экзаменационным билетом — мне достался простой вопрос.
　　（А）получилось （Б）повезло
　　（В）пришлось （Г）удалось

46. Я очень рад: мне ... увидеть на сцене этого великого артиста в дни его молодости.
　　（А）пришлось （Б）удастся
　　（В）повезет （Г）посчастливилось

47. — Тебе понравился новый фильм? — Да, его ... посмотреть.
　　（А）придется （Б）стоит
　　（В）удастся （Г）повезет

48. Бабушка не ... понять своего внука, хотя он говорит на русском языке.
　　（А）любит （Б）умеет
　　（В）знает （Г）может

49. Моя мама всегда ... переживает, когда я улетаю в другой город.
　　（А）много （Б）очень
　　（В）тяжело （Г）трудно

50. Рыба была такая большая, что рыбак ... вытащил ее на берег.
　　（А）не в силах （Б）тяжело
　　（В）трудно （Г）с трудом

参考答案

1. 答案：Б。解析：служение 是 служить 的动名词，要求第三格。译文：为艺术献身——这就是很多伟大演员的目标。

2. 答案：Г。解析：поступок 行为；проступок 过失；преступление 犯罪；поступление 考进，进入。译文：儿子考入大学是我们全家的节日。

3. 答案：Б。解析：выбор 选择；выборы 选举。译文：选择职业的时候要好好想一想。

4. 答案：Г。解析：общий 公共的；общественный 社会的；общинный 集体的；общительный 爱交际的。译文：我哥哥是一个爱交际的人。

5. 答案：Г。解析：домашнее задание 家庭作业。译文：为了快速学习外语必须坚持完成家庭作业。

6. 答案：В。解析：каменеющий 石化的；окаменелый 僵硬的；каменный 石头的；каменистый 多石的。译文：石器时代是人类文明的初期。

7. 答案：Г。解析：рыбий 鱼身上的；рыбный 鱼的；рыбацкий 渔民的；рыболовный 捕鱼的。译文：在渔猎商店可以买到所有捕鱼用具。

8. 答案：Б。解析：медлительный 迟钝的；медленный 慢的；замедляющий 使……减慢的；замедленный 被减慢的。译文：舒缓的音乐对人的心理起安抚作用。

9. 答案：Б。解析：подаренный 是 подарить 的被动形动词。译文：我高兴地穿着奶奶送我的毛衣。

· 59 ·

10. 答案:Б。解析:игральный 纸牌的;игровой 游戏的;игорный 赌博的。译文:文艺片区别于纪录片,它是娱乐电影。

11. 答案:В。解析:двойной 双份的,加倍的;двойственный 双重的,成双的;раздвоенный 分叉的,分裂的;двоякий 双重的,两种的。译文:有些鸟,比如燕子,尾巴分叉。

12. 答案:В。解析:водный 水的;водяной 水力的,水力发电的;водянистый 含水多的;водораздельный 分水岭的。译文:一星期都在下雨,草莓水分很大也不甜。

13. 答案:Г。解析:дымный 烟的;дымовой 冒烟的;дымящий 正在冒烟;дымчатый 烟色的。译文:奶奶曾有一只特别的烟灰色的猫。

14. 答案:А。解析:цветочный 花的;цветной 彩色的;цветовой 色的,感色的;отцветший 花凋谢了的。译文:所有的邻居都来做客欣赏妈妈的花坛。

15. 答案:А。解析:экономный 节约的;экономический 经济的;экономичный 省钱的;экономящий 节约……的(形动词)。译文:丈夫说,他的妻子是一个节约的家庭主妇。

16. 答案:В。解析:мировой 世界的;миролюбивый 热爱和平的;мирный 和平的;мирской 人世间的。译文:所有的矛盾都已经消除,两国签订了和平条约。

17. 答案:Б。解析:классный 班级的;классический 经典的,古典的;классовый 阶级的;классицистический 古典主义的。译文:谢尔盖·彼德罗维奇是古典音乐的狂热爱好者。

18. 答案:А。解析:带-нибудь 的不定代词表示说话人根本不知道或根本未加肯定某人或事物、特征,相当于汉语"随便、无论"等。例如:Мне нужно купить *что-нибудь* в подарок Анне на ее новоселье. (我要买些什么给安娜做乔迁新居的礼物。) Если вы встретите *кого-нибудь* из наших общих знакомых, передайте от меня привет. (如果您遇见哪个我们都认识的熟人,请代我向他们问好。) 译文:维塔利从没出过国,夏天他想去个什么地方。

19. 答案:Б。解析:条件从句中要用带-нибудь 的不定代词。例如:Если я узнаю *что-нибудь* интересное, я сообщу вам. (如果我知道什么有趣的事,就告诉你。) Если нам *что-нибудь* непонятно, мы обращаемся к преподавателю. (如果我们有什么不明白的事情,就去问老师。) 译文:如果坐一昼夜火车,你必须带点儿什么食物。

20. 答案:Б。解析:在祈使句中用带-нибудь 的不定代词。例如:Дайте мне *что-нибудь* почитать. (请给我点儿什么东西读。) Я голоден. Давайте *что-нибудь* поедим. (我饿了,我们吃点儿什么东西吧。) Не забыли бы ребята *чего-нибудь* нужного. Надо еще раз проверить. (孩子们可别落下什么东西,应该再检查一遍。) 译文:在这种困难的情况下,你最好和谁商量一下。

21. 答案:Г。解析:带 кое- 的不定代词表示明确知道有某物,但不说出来。例如:*Кое-кто* будет этим недоволен. Ты, конечно, знаешь, о ком я говорю. (有人对此不满,你当然知道我说的是谁。) Я купил Кате *кое-какие* нужные вещи в подарок, но не хочу сейчас их показывать. (我给卡佳买了一些她需要的东西做礼物,但现在还不想给她看。) 译文:某些地方还有积雪,尽管已经是四月了。

22. 答案:Г。解析:идти(事情)进展。译文:在新工厂情况有所改善,事情进展顺利。

23. 答案:А。解析:проходить 走过,流逝。译文:和朋友在一起时,时间过得飞快。

24. 答案:Б。解析:водить кого 领着(谁),不定向运动动词。译文:我的叔叔经常领我去动物博物馆。

25. 答案:Г。解析:выйти в свет 问世,出版。译文:这本书刚出版不久,但已经成为收藏珍品。

26. 答案:Б。解析:заговориться 说得出神,只顾说话。译文:朋友们只顾说话坐过了站。

27. 答案:В。解析:продумать 想了一段时间;выдумать 杜撰;раздумать 犹豫;додумать 考虑成熟。译文:斯捷潘决定继续学业,但后来突然又犹豫了。

28. 答案:Г。解析:подпывать 向下游;плавать 游泳;заплывать 开始游;всплывать 往上游,浮出水面。译文:潜水者慢慢浮出水面。

29. 答案:А。解析:выжить 活下来;зажить(伤口)愈合;прожить 活了(多长时间);дожить 活到。译文:我们觉得树会死掉,但它活了下来。

30. 答案:Г。解析:выжить 活下来;пережить 经历;пожить 生活(一小段时间);прожить 活了(多长时间)。译文:弗拉基米尔•亚历山大洛维奇活了很长时间。他记得世纪初的很多事件。

31. 答案:Б。解析:выработать 生产;переработать 重新加工;заработать 开始工作(或挣钱);проработать 工作(一段时间)。译文:很可惜,你的工作计划不成功,不得不重新加工。

32. 答案:А。解析:наступить кому на ногу 踩(谁的)脚。译文:对不起,我好像踩了你的脚。

33. 答案:В。解析:поступиться чем 放弃;заступиться за кого 庇护;оступиться 绊了一跤;вступиться во что 干涉。译文:老年人绊了一下,摔倒了。

34. 答案:Б。解析:расписать что 抄写;подписать что 签署,签字;записать что 记下来;прописать что 登记。译文:我把试卷交给老师,但好像忘了写名。

35. 答案:В。解析:вписаться 与……相和谐;подписаться 签字;записаться 报名;прописаться 报户口。译文:大学毕业后姐姐想报名设计师培训班。

36. 答案:Б。解析:уговорить кого 劝说;отговорить кого 劝……不要;переговорить с кем 商谈;обговорить что 讨论。译文:邻居劝我别买这个型号的计算机,因为不好。

37. 答案:Б。解析:пересказать что 复述;подсказать что 提醒;высказать что 说出来;предсказать что 预言。译文:如果我回答问题的时候忘了什么,你提醒我一下,好吗?

38. 答案:А。解析:всматриваться во что 往……里看;присматриваться к чему 仔细看;просматриваться 看得见;засматриваться 观察。译文:他往黑暗中张望,但什么也没看见。

39. 答案:В。解析:засматриваться 观察;всматриваться во что 往……里看;осматриваться 环顾,向周围看;присматриваться к чему 仔细看。译文:参观者有兴致地向两边看。周围的美景让他们吃惊。

40. 答案:А。解析:разглядывать что 仔细看;выглядеть каким 看起来(是什么样);подглядывать что 哨;оглядывать что 向周围看。译文:你为什么那么认真地看着我?

41. 答案:Г。解析:начитать что 读过(若干);зачитать что 开始读;вычитать что из чего 从……读到;дочитать что 读到。句中остаться 做无人称动词,意思是"只有,只剩下"。译文:我只剩下最后几页就读完。明天我就能把书还回图书馆。

42. 答案:В。解析:дочитаться до чего 读书读得(招致不快后果),如 дочитаться до головной боли 读书读得头疼;зачитаться чем 读得入迷,如 зачитаться романами 读小说读得入迷;начитаться чего 读很多,如 начитаться детективных романов 读很多侦探小说;отчитаться 汇报工作,如 отчитаться перед собранием 向大会汇报工作。译文:她读过很多低级趣味小说并信以为真。

43. 答案:А。解析:застраиваться чем 建满;достраиваться 建完;надстраиваться 往高处再建,增建;встраиваться во что 往……内部建。译文:空闲的土地开始被建满现代化建筑。

44. 答案:Б。解析:завидеть что 从远处看;предвидеть что 预见。видеться 和 увидеться 是不及物动词,不是正确答案。译文:你知道,她能预见到不久的将来会发生什么。

45. 答案:Б。解析:повезти 走运;приходиться-прийтись 不得不;удаваться-удаться 成功地。

这三个动词都是无人称动词,要求主体用第三格。译文:考试时我很走运——我抽到的考签很简单。

46. 答案:Г。解析:приходиться-прийтись 不得不;удаваться-удаться 成功地;повезти 走运;посчастливиться 有幸。这四个动词都是无人称动词,要求主体用第三格。译文:我很高兴;我有幸在这位伟大的演员年轻时代就在舞台上看见过他。

47. 答案:Б。解析:приходиться-прийтись 不得不;стоить 值得;удаваться-удаться 成功地;повезти 走运。这四个动词都是无人称动词,要求主体用第三格。译文:"你喜欢这部电影吗?" "是的,值得一看"。

48. 答案:Г。解析:уметь 会(表示技能),其后接未完成体动词不定式;мочь-смочь 能够。译文:奶奶不能明白孙子说什么,尽管孙子说的是俄语。

49. 答案:Б。解析:очень 很,非常。译文:当我去别的城市的时候,我妈妈总是很担心。

50. 答案:Г。解析:с трудом 很困难地(副词性词组),如 с трудом выйти из трудной ситуации 艰难地摆脱困境。не в силах(不能够)后接动词不定式,如 Я не в силах справиться с этой работой. 我不能胜任这项工作。тяжело(艰难地)和 трудно(困难地)都是谓语副词,用在无人称句中,主体用第三格。译文:鱼那么大,以至于垂钓者艰难地将鱼拖上岸。

(六) 第六部分练习

◆ 1~8 题是关于列夫·托尔斯泰的短文,选择正确答案。

1. Лев Николаевич Толстой является . . . .
   - (А) великий русский писатель
   - (Б) великим русским писателем
   - (В) великого русского писателя
   - (Г) великому русскому писателю

2. Жизнь будущего писателя не была . . . .
   - (А) простой
   - (Б) прост
   - (В) простым
   - (Г) просто

3. В молодости он служил . . . на Кавказе.
   - (А) офицер
   - (Б) с офицером
   - (В) офицерами
   - (Г) офицером

4. В разные годы Л. Н. Толстой занимался также . . . .
   - (А) издательская и педагогическая деятельность
   - (Б) издательской и педагогической деятельностью
   - (В) с издательской и педагогической деятельностью
   - (Г) в издательской и педагогической деятельности

5. Л. Н. Толстой — . . . многих романов, рассказов и повестей, получивших мировую известность.
   - (А) автором
   - (Б) автор
   - (В) автора
   - (Г) автору

6. «Войну и мир» называют . . . ,

(А) романом-эпопеей　　　　　　（Б) роман-эпопея
(В) роман эпопея　　　　　　　（Г) романа-эпопеи

7. а «Анна Каренина» считается ... семейной жизни.
　　(А) энциклопедия　　　　　　　（Б) как энциклопедия
　　(В) также энциклопедия　　　　（Г) энциклопедией

8. Не менее ... Л. Н. Толстой в России и как общественный деятель.
　　(А) известный　　　　　　　　（Б) известно
　　(В) известнейший　　　　　　（Г) известен

◆ 9~14 题是休金（А. Н. Щукин）著作《俄罗斯人：生平手册》（«Знаменитые россияне: Биографический словарь-справочник»）的简介，选择正确答案。

9. В словаре-справочнике ... сведения о 500 знаменитых россиянах.
　　(А) представлен　　　　　　　（Б) представляют
　　(В) представлены　　　　　　（Г) представляются

10. Большое внимание ... не только известным политикам, ученым, деятелям культуры, но и философам.
　　(А) уделяется　　　　　　　　（Б) уделяются
　　(В) уделяют　　　　　　　　　（Г) уделены

11. Словарь-справочник ... на данных новейших исследований отечественных историков и публицистов.
　　(А) базируются　　　　　　　（Б) базируется
　　(В) базирующийся　　　　　　（Г) базируясь

12. Книга ... самой широкой аудитории.
　　(А) будет адресована　　　　　（Б) адресовалась
　　(В) будет адресоваться　　　　（Г) адресована

13. а также ... в качестве дополнительной справочной литературы для школьного образования.
　　(А) используется　　　　　　　（Б) может быть использована
　　(В) должна использоваться　　（Г) будет использована

14. Словарь-справочник ... в издательстве «Просвещение» тиражом 40 000 экземпляров.
　　(А) будет выходить　　　　　　（Б) вышел
　　(В) выходил　　　　　　　　　（Г) выйдет

◆ 15~19 题是关于脑部血液循环的短文，选择正确答案。

15. Активные точки головы ... в двух сантиметрах позади верхнего края уха.
　　(А) располагают　　　　　　　（Б) располагаются
　　(В) будут расположены　　　　（Г) располагались

16. Иглоукалыватели ... их ответственными за кровообращение головы.
　　(А) считается　　　　　　　　（Б) считались
　　(В) считают　　　　　　　　　（Г) обсчитали

17. ... эту точку, можно добиться большей ясности мышления.
    (А) Массировать   (Б) Массируют
    (В) Массируя   (Г) Массируется

18. При этом ... отток отработанной крови.
    (А) ускоряется   (Б) ускорил
    (В) ускоряют   (Г) ускорялось

19. ... кислородом кровь активнее приливает к мозгу.
    (А) Обогащена   (Б) Обогащенная
    (В) Обогатилась   (Г) Обогатится

♦ 20~26 题是关于儿童实验的短文,选择正确答案。

20. Эксперимент, ... китайским правительством, был проведен в Харбине.
    (А) поддержанным   (Б) поддержанный
    (В) поддержанного   (Г) поддержанному

21. В стену здания был вмонтирован компьютер ... в Интернет.
    (А) в доступе   (Б) с доступом
    (В) из доступа   (Г) к доступу

22. Дети из этого района заинтересовались ... на экране компьютера.
    (А) яркими картинками   (Б) ярким картинкам
    (В) ярких картинок   (Г) яркие картинки

23. Дети быстро научились обращаться ... .
    (А) с компьютером   (Б) без компьютера
    (В) для компьютера   (Г) за компьютер

24. ... картинки, они соревновались в быстроте.
    (А) Рисуя   (Б) Рисующий
    (В) Нарисованный   (Г) Нарисовав

25. Самые способные ребята обучали ... .
    (А) отстающих   (Б) отстающие
    (В) отстающим   (Г) об отстающих

26. Данный эксперимент был проведен в разных городах Китая и везде дал такие же ... .
    (А) результатам   (Б) результатами
    (В) результатов   (Г) результаты

♦ 27~36 是报刊政论文章的例句(примеры газетно-публицистического стиля),选择正确答案。

27. Изменение климата планеты может ... на развитие промышленности и сельского хозяйства.
    (А) плохо повлиять   (Б) оказать негативное влияние
    (В) плохо подействовать   (Г) не очень хорошо влиять

28. Под итоговым документом ... руководители всех думских фракций.
    (А) поставили свои подписи (Б) оставили записи

(В) расписались　　　　　　　　　　（Г) подписали

29. В консульстве ... по случаю прибытия в город официальной делегации республики.
　　(А) встретили гостей　　　　　　（Б) приняли гостей
　　(В) провели прием　　　　　　　（Г) устроили прием

30. Группа депутатов ... спикеру палаты о необходимости внести изменения в регламент работы парламента.
　　(А) направила письмо　　　　　　（Б) написала
　　(В) написали　　　　　　　　　　（Г) послали письма

31. Представители промышленных союзов двух стран ... в Кремле.
　　(А) поговорили　　　　　　　　　（Б) разговаривали
　　(В) провели переговоры　　　　　（Г) вели беседу

32. Вчера в Москву с официальным визитом ... посол Германии.
　　(А) приехал　　　　　　　　　　　（Б) заехал
　　(В) прибыл　　　　　　　　　　　（Г) появился

33. Наша страна всегда исходит из намеренности ... конфликтующим сторонам.
　　(А) помогать　　　　　　　　　　（Б) оказывать помощь
　　(В) содействовать　　　　　　　　（Г) оказывать внимание

34. Наводнение ... значительный ущерб сельскому хозяйству.
　　(А) переносит　　　　　　　　　　（Б) заносит
　　(В) наносит　　　　　　　　　　　（Г) вносит

35. В честь установления дипломатических отношений ..., на котором присутствовала вся политическая элита.
　　(А) был приготовлен обед　　　　（Б) был дан обед
　　(В) приготовили обед　　　　　　（Г) предложили обед

36. После презентации проекта директорам предприятий глава администрации города ....
　　(А) поговорил с ними　　　　　　（Б) побеседовал с ними
　　(В) имел с ними беседу　　　　　（Г) имел с ними разговор

◆ 37～42 是一份申请书(Заявление),选择正确答案。

```
                                              (37) ... магазина «Астек»
                                              (38) ...


                        Заявление

    (39) ... обменять купленный в Вашем магазине утюг (40) ... он не работает и не может быть отремонтирован.
    (41) ...
                                                          (42) ...
```

37. （А）Директору （Б）Господину директору
    （В）Госп. директору （Г）Уважаемому директору
38. （А）Питер Адамс （Б）г. Питера Адамса
    （В）Питера Адамса （Г）Господина П. Адамса
39. （А）Убедительно прошу （Б）Просил бы Вас
    （В）Прошу （Г）Очень прошу
40. （А）в связи с тем, что （Б）из-за того, что
    （В）потому, что （Г）вследствие того, что
41. （А）Питер Адамс （Б）С уважением П. Адамс
    （В）От Питера Адамса （Г）Спасибо. Питер Адамс.
42. （А）5 августа 2022 года （Б）август, 5. 2022－08－15
    （В）август, 2022, 5 （Г）5, август, 2022 год

◆ 43~50 题是一封解释信。

(43) … {А — Уважаемому господину декану; Б — Господину декану; В — Уважаемому декану; Г — Декану} медицинского факультета

(44) … {А — госпожи студентки; Б — от госпожи студентки; В — от госпожи; Г — студентки} Анны Ивановой

Объяснительная записка

(45) … {А — Май; Б — В мае; В — На май; Г — От мая} этого года я находилась в городской больнице №5 (46) … {А — на неделю; Б — в течение недели; В — за неделю; Г — неделю}, (47) … {А — от 15 мая до 22 мая; Б — от 15 по 22 мая; В — с 15 по 22 мая; Г — с 15 по 21 мая} (48) … {А — для лечения пневмонии; Б — от лечения пневмонии; В — по лечению пневмонии; Г — в лечении пневмонии}. Медицинская справка прилагается.

(49) … {А — май, 25, 2022 г;. Б — 25 мая 2022 г; В — 2022, май, 25; Г — 25, май, 2022 г.}.

(50) … {А —Анна; Б — С приветом Анна Иванова; В — Анна Иванова; Г — С дружеским приветом Анна Иванова}

参考答案

1. 答案：Б。解析：являться кем-чем 是……。译文：列夫·托尔斯泰是伟大的俄罗斯作家。

2. 答案：А。解析：жизнь 做主语，простой 是 простая 的第五格。译文：未来的作家的生活并不容易。

3. 答案：Г。解析：служить кем-чем 是……。译文：年轻时他在高加索地区当军官。

4. 答案:Б。解析:заниматься чем 从事。译文:在不同年代托尔斯泰也从事出版和教育活动。

5. 答案:Б。解析:因为有破折号,所以 автор 用第一格。译文:托尔斯泰是许多长篇、短篇和中篇小说的作者,这些小说使他享誉世界。

6. 答案:А。解析:«Войну и мир» 是 называют 要求的第四格,романом-эпопеей 是 называют 要求的第五格。译文:《战争与和平》被称为史诗级长篇小说,

7. 答案:Г。解析:«Анна Каренина» 做主语,энциклопедией 是 считается 要求的第五格。译文:而《安娜·卡列尼娜》被认为是家庭生活的百科全书。

8. 答案:Г。解析:не менее известен 是形容词比较级短尾,在句中做谓语。译文:托尔斯泰作为俄罗斯的社会活动家同样被人所知。

9. 答案:В。解析:сведения 是主语,представлены 是谓语。一般不用动词 представляются。译文:该手册介绍500位俄罗斯名人的信息。

10. 答案:А。解析:уделяться-уделиться кому-чему 分给。译文:关注的不仅有著名的政治家、学者、文化活动家,而且还有哲学家。

11. 答案:Б。解析:базироваться на чем 以……为基础。译文:手册以俄罗斯国内历史学家和评论家最新的研究数据为基础。

12. 答案:Г。解析:адресован кому-чему 针对,面向。译文:该书面向广大读者,

13. 答案:Б。解析:может быть использована 可以作为。译文:甚至还可以作为中学生补充的查询文献。

14. 答案:Б。解析:выходить-выйти в свет 出版,问世。译文:该手册在教育出版社出版,印数4万册。

15. 答案:Б。解析:располагаться-расположиться 位于。译文:脑部的活跃穴位位于耳廓上方两厘米的地方。

16. 答案:В。解析:считать кого-что каким。译文:针灸认为其职责是加速脑部的血液流动。

17. 答案:В。解析:массируя 是副动词。译文:按摩这个穴位,可以使思维更清晰。

18. 答案:А。解析:主语是 отток,谓语是 ускоряется。译文:此时,废血回流加速。

19. 答案:Б。解析:обогащенная 做 кровь 的定语,第五格 кислородом 是被动形动词 обогащенная 的主体。译文:富氧的血液更快地抵达大脑。

20. 答案:Б。解析:поддержанный 是 поддержать 的被动形动词。译文:中国政府支持的实验在哈尔滨进行。

21. 答案:Б。解析:доступ в Интернет 进入网络。译文:建筑的墙体置入了联网的计算机。

22. 答案:А。解析:интересоваться-заинтересоваться чем 对……感兴趣。译文:该区的孩子对电脑屏幕鲜艳的画面感兴趣。

23. 答案:А。解析:обращаться-обратиться с чем 使用。译文:孩子们学会了使用计算机。

24. 答案:А。解析:рисуя 是副动词。译文:他们画画的时候,会比速度。

25. 答案:А。解析:обучать-обучить кого 教。译文:最有能力的孩子教会了落后的孩子。

26. 答案:Г。解析:результаты 是 дать 要求的第四格。译文:在中国的不同城市进行了这项实验,并取得同样的结果。

27. 答案:Б。解析:报刊文章中不说 влиять-повлиять на что,而说 оказывать-оказать влияние на кого-что(影响)。译文:地球天气的变化对工业和农业的发展起负面影响。

28. 答案:А。解析:报刊文章中不说 подписывать-подписать что,而说 ставить-поставить

подпись(签字)。译文:在总结文件下方所有党派的领导都签了字。

29. 答案:Г。解析:устроить прием 举办招待会。译文:适逢国家官方代表团来城市访问之际领事馆举办了招待会。

30. 答案:А。解析:направить письмо(寄信)是报刊中的正式表达方法。译文:代表团向议会主席发信,指出议会的工作必须做出改进。

31. 答案:В。解析:провести переговоры 进行谈判。译文:两国工业联盟代表在克里姆林宫举行了谈判。

32. 答案:В。解析:在报纸中"抵达"用 прибывать-прибыть。译文:昨天德国大使抵达莫斯科进行正式访问。

33. 答案:Б。解析:在报刊中不用 помогать кому-чему,用 оказывать-оказать помощь кому-чему(帮助)。译文:我们国家的目的是给冲突双方以帮助。

34. 答案:В。解析:表示"带来损失"时用动词 наносить-нанести что кому。译文:洪水给农业带来巨大损失。

35. 答案:Б。解析:был дан обед 设宴。译文:为庆祝建立外交关系设宴,所有政治精英都参加了宴会。

36. 答案:В。解析:在报刊中不用 беседовать с кем,用 иметь беседу с кем(交谈)。译文:在企业厂长进行了工程演示之后,城市的行政领导与他们进行了谈话。

♦ 表格中为各种公文语体的写作格式,需记住

Декану факультета русского языка
студента Ли Мина

Заявление

Прошу Вас предоставить мне недельный отпуск по семейным обстоятельствам для поездки домой

Прилагаю письмо с сообщением о болезни моей матери.

Ли Мин (Подпись)
9 марта 2022 года

ПРИГЛАШЕНИЕ

Уважаемые коллеги!

Приглашаем вас принять участие в Международной научной конференции «Язык и культура», которая состоится 2 мая 2022 года в 9:00 в актовом зале административного корпуса Хэйлунцзянского университета.

Директор института русского языка ХУ
(Подпись)
11.08.2022

Московский государственный университет им. М. В. Ломоносова

Россия, 119899

Тел. 939－11－02

№13/036

19 марта 2022 года

СПРАВКА

Выдана гражданину КНР Ван Сяомину в том, что он до 30 мая 2022 года является студентом подготовительного факультета Московского государственного университета им. М. В. Ломоносова.

По условиям контракта Ван Сяомину гарантируются место в общежитии, стипендия и медобслуживание.

Начальник Консульско-протокольного управления МГУ
В. В. Солокова (подпись)
(печать)

Уважаемая Людмила Ивановна!

Подтверждаем получение Вашего письма от 6 марта. Искренне благодарим Вас за сердечное поздравление с праздником. Одновременно позвольте поблагодарить Вас за помощь, которую Вы нам оказали, когда мы были в Вашем городе.

С уважением,

Николай Семенович Павлов

13 октября 2022 года

ОБЪЯВЛЕНИЕ

31 декабря в 18:00 в аудитории 101 учебного корпуса №1 состоится Новогодний вечер факультета русского языка.

Деканат

28 декабря 2021 года

Заведующему кафе «Фламинго» Круглову В. А.
посетителя кафе Коротковой Д. П.

Жалоба

Довожу до Вашего сведения, что 24.03.2022 официант кафе Федотов П. О. был невежлив в отношение меня и других посетителей. Прошу принять меры.

25.03.2022

Короткова О. Д.

Декану филологического факультета А. А. Климову

студента Петрова В. И.

Объяснительная записка

Я, Петров Виктор Иванович, отсутствовал на занятии с 14 октября 2021 г. по 21 октября 2021 г. по причине болезни.

Справка о состоянии здоровья прилагается.

22 октября 2021 г.

Подпись

◆ 37～42 题译文

致阿斯捷克商店经理

彼得·亚当斯

申请

由于在贵店所购的电熨斗不能正常工作并且无法修理,本人申请更换。

彼得·亚当斯

2022 年 8 月 5 日

37. 答案:A。解析:Директору 用第三格,表示写给经理。

38. 答案:B。解析:Питера Адамса 用第二格,即声明是 Питер Адамс 写的(Заявление Питера Адамса),也可以用 от Питера Адамса。

39. 答案:B。解析:Прошу 我请求。

40. 答案:A。解析:в связи с тем, что 由于,因为(书面表达方式)。

41. 答案:A。解析:Питер Адамс 是署名,用第一格。

42. 答案:A。解析:5 августа 2022 года,即 2022 年 8 月 5 日。

◆ 43～50 题译文

致尊敬的医学系系主任

学生安娜·伊万诺娃

解释信

今年 5 月我在市立医院住院一周,即 5 月 15～22 日,为了治疗肺炎。医院证明附后。

2022 年 5 月 25 日

安娜·伊万诺娃

43. 答案：Г。解析：Декану 用第三格，表示写给系主任，不用 Уважаемому，因为此处不是呼语。

44. 答案：Г。解析：студентки 用第二格，即 Объяснительная записка студентки Анны Ивановой，也可以用 от студентки。

45. 答案：Б。解析：в мае 在 5 月。

46. 答案：Б。解析：в течении недели 在一周的过程中。

47. 答案：Г。解析：с 15 по 22 мая 包括 22 日，共 8 天。с 15 по 21 мая 到 21 日并且包括 21 日，共 7 天。

48. 答案：А。解析：для лечения пневмонии 为了治疗肺炎。

49. 答案：Б。解析：25 мая 2022 г.，即 2022 年 5 月 25 日。

50. 答案：В。解析：Анна Иванова 是署名，用第一格。

二、阅 读

俄罗斯对外俄语 B2 级考试阅读部分（Чтение）共 3 篇文章，其中第 3 篇短文答题过程中可以使用词典。

阅读考试 3 篇短文后共 25 道选择题，答对 17 道题（该科目考试总分的 66%）为合格。阅读考试答题时间 60 分钟。

由于考试的时间有限，特别是对考生来说还有一些陌生的词汇，因此考生对阅读理解不能一词一句地仔细斟酌，考生要做的是掌握与问题有关的主要信息，并且在与问题有关的这些重要信息上仔细思考。

(1) 尽快地把文章后面的问题先看一遍，然后带着这些问题去阅读文章，不要一接触试卷就先看文章。

(2) 阅读过程中不要把时间过分停留在某个生词上，应把握整篇文章的中心内容，在与问题有关的部分做上记号。

(3) 读完全文后再阅读一遍问题，然后就划线的部分仔细分析，做出正确答案。

为增加词汇量，提高答题速度，必须多做阅读训练。

Текст 1

Литературоведение — одна из двух филологических наук — наука о литературе. Другая филологическая наука — наука о языке — это языкознание, или лингвистика. У этих наук есть много общего: и литературоведение, и лингвистика изучают словесное творчество, т. е. словесность. Поэтому они развивались в тесной связи друг с другом под общим названием «филология», что означает в переводе с древнегреческого «любовь к слову».

Литературоведение и лингвистика — различные науки, так как они ставят перед собой разные познавательные задачи. Лингвистика изучает разнообразные проявления словесной деятельности людей, анализирует особенности развития тех языков, на которых говорят и пишут народы мира. Литературоведение изучает художественную литературу для того, чтобы понять ее особенности и пути развития. Литературоведение и лингвистика имеют разный предмет и различные задачи. Поэтому эти науки пользуются своими собственными принципами при собирании, сравнении и классификации материала, используют разные методы изучения.

Но имея разный предмет и различные задачи своего изучения, литературоведение и лингвистика постоянно взаимодействуют между собой и помогают друг другу. Так, художественная литература служит важным материалом для лингвистических исследований и выводов о структуре и особенностях языков. И литературоведение может многое дать лингвистике для понимания этих особенностей. В то же время при изучении литературы необходима помощь лингвистики. Литературные языки развиваются, в них происходят изменения лексического состава и грамматического строя: одни слова устаревают и больше не употребляются, другие получают новое значение, появляются новые слова и фразеологизмы, по-новому используются синтаксические конструкции и т. д. Кроме того, в своих произведениях писатели нередко используют в речи действующих лиц диалектизмы, лексически или грамматически отличающиеся от слов литературного языка того же народа. Поэтому литературоведческое изучение художественных произведений должно учитывать данные лингвистики и опираться на лингвистические исследования. Иначе литературоведы могут сделать серьезные ошибки в понимании и оценке произведений.

Таким образом, задачи и методы изучения художественной словесности в литературоведении и лингвистике совершенно различны. Лингвистика изучает в произведениях литературы лексические, фонетические, грамматические особенности тех языков, на которых эти произведения написаны. Литературоведение изучает произведения художественной словесности как произведения искусства, учитывая и их языковую сторону. Литературовед рассматривает все особенности произведения с эстетической точки зрения.

Итак, литературоведение и лингвистика входят в филологию, но у каждой науки свой предмет, свои собственные задачи и методы изучения.

1. Литературоведение и лингвистика . . . .
   (А) имеют общий предмет изучения
   (Б) имеют собственный предмет изучения
   (В) изучают различные аспекты языка
2. Литературоведческий анализ, не опирающийся на лингвистические исследования, ...
   (А) оказывает отрицательное влияние на развитие лингвистики
   (Б) противоречит основной задаче литературоведения
   (В) может привести к неправильному пониманию произведения
3. Художественная литература служит материалом для лингвистических исследований, поэтому . . . .
   (А) лингвистика является частью литературоведения
   (Б) литературоведение является частью лингвистики
   (В) литературоведение тесно связано с лингвистикой

Текст 2

По весне обычно, пока одна часть населения страны, гордясь своими подтянутым фигурами, изучает весенне-летние коллекции одежды, другая исследует объявления о «быстром» и «долговременном» похудении. Ведь скоро придется скидывать пальто и куртки! Производители биодобавок, организаторы сеансов очищения, хозяева шейпинговых (塑身的) и тренажерных залов потирают руки. Канун лета — это их время. А чем же это время оборачивается для воюющих с лишними килограммами?

Сразу скажем о краткосрочных (1 – 3 недели) диетах. Эпизодическое и, как правило, очень жесткое ограничение в питании и эффект имеет кратковременный. У 95 человек из 100 сброшенные килограммы вернутся рикошетом через 4 – 6 месяцев, да еще и «товарищей» с собой приведут. Объясняется это просто: механизм выживания запрограммирован у нас на генетическом уровне. Наш организм при резком снижении поступления калорий с пищей переходит в режим экономии. И если после суровой диеты снова начать есть, как раньше, то все эти калории начинают утилизироваться в подкожное сало — про запас на черный день. Причем в количествах больших, чем прежде.

Рассказывает Ирина:

— Решила я худеть. Записалась ради этого в спортивный клуб. Денег заплатила немало, так что это был еще один веский повод не бездельничать. Честно ходила на занятия четыре раза в неделю. Скакала в зале на занятиях по шейпингу до седьмого пота. За месяц скинула 3 килограмма и была почти счастлива. Но еще через три месяца, встав на весы, обнаружила, что мои килограммы вернулись. Стала заниматься еще упорнее, вместо часа — по полтора. Но когда через полгода я поняла, что не только не похудела, но и не влезаю даже в те джинсы, в которых первый раз пришла на занятия, у меня просто руки опустились. А еще говорят, от физкультуры худеют...

Рассказывает Олег:

— Не знаю, пал ли я жертвой рекламы или нашел подходящее для себя средство, но, проведя неделю на курсах очищения кишечника и печени, чувствую себя вполне прилично. При этом за неделю я потерял 2,5 килограмма, а в следующую — еще 2. Поначалу все показалось суровым: отказ от соленого и сахара, мяса, хлеба, макарон всяких. В основном — фрукты, зелень, мед, зеленый чай. Каждый день клизмы, прогулки, сауна, физкультура, бассейн. Так что после целого дня голодания наутро тарелка соленых сухариков показалась бифштексом. Все разговоры сводились к тому, кто успел добежать до туалета, а кто... Но справился, и даже еда по ночам перестала сниться. Напоследок нам долго объясняли, что можно есть в течение месяца, а чего нельзя. И закончили тем, что процедуру нужно повторять в три месяца, иначе можно опять набрать вес. Месяц прошел. Пока держусь.

4. ... весна представляет собой удачное время.

   (А) Для полных девушек, которые скидывают пальто и куртки,

   (Б) Для толстых людей, которые борются с лишним весом,

   (В) Для бизнесменов, которые готовы заработать на худеющих,

5. Слово «товарищи» в предложении «да еще "товарищей" приведут» означает ... .

   (А) «родные»

   (Б) «лучшие друзья»

   (В) «лишние килограммы»

6. Ирина хочет на своем примере показать, что ... .

   (А) окончательно похудеть практически невозможно.

   (Б) физкультура — хороший способ похудения.

   (В) не стоит обращать внимание на лишний вес.

7. ... входят в меню Олега в течение курса похудения.

   (А) Фрукты, мед, сухарики

(Б) Мед, чай, мясо

(В) Зелень, фрукты, макароны

Текст 3

 Отпускной сезон не за горами, однако, по данным последнего опроса, который провел исследовательский центр «Ромир», большинство наших граждан проведет отпуск дома. Чаще всего такой «выбор» вынуждены делать россияне с низким доходом и жители сельской местности.

 Съездить в дальнее зарубежье собираются всего 4%, в ближнее — 2%. Это в основном граждане с высоким доходом, живущие в крупных городах, расположенных в Центральном и Северо-Западном регионах. Правда, 18% еще не знают, как проведут отпуск, а у каждого десятого отдыха просто не будет.

 Самым предпочтительным видом летнего отдыха является у нас дачное времяпрепровождение с работой на огороде. Так проведут отпуск 36% опрошенных, среди которых больше всего людей старше 45 лет. Россияне моложе 34 лет предпочитают пляж, но лишь 9% собираются совмещать солнечные ванны с экскурсиями. За рыбалку «проголосовали» 17% респондентов, в основном мужчины. Дайвинг, рафтинг и другие активные виды отдыха интересуют лишь 6%, а доля тех, кто готов пойти в туристические походы, еще меньше — 4%.

 Заместитель директора Института экономики Дмитрий Сорокин объясняет результаты опроса прежде всего материальным положением наших граждан. Существенно улучшить его не могут даже высокие цены на нефть. «Вопреки официальным данным около трети населения остается за чертой бедности», — отметил ученый. Какой уж тут отдых...

 Если не хватает денег, их можно занять. На Западе это обычная практика, но россияне, как утверждают социологи, категорически не хотят отдыха в долг. Несмотря на то что турфирмы и банки весьма активно сейчас продвигают на рынке кредиты на покупку путевок, взять такие займы потенциально готовы лишь 12% россиян. Среди жителей мегаполисов, молодежи и людей с высшим образованием эта доля выше, но все равно не доходит до четверти. А 82% нашего населения такой кредит не нужен ни при каких обстоятельствах. Взять деньги в банке на холодильник, телевизор, машину — пожалуйста, а на то, чтобы отдохнуть и поправить свое же здоровье — даже не предлагайте.

 Поэтому не удивляет, что 88% россиян за последние три года никогда не покидали страну — не только для отдыха, но и в личных или деловых целях. Зато большинство наших граждан не утратили способности помечтать. В рейтинг потенциальных туристических предпочтений, по данным опроса, попали 10 стран, а лидируют среди них Франция, Италия и Германия.

8. Фраза «Отпускной сезон не за горами» означает ... .

 (А) «отпуск надо провести не в горах, а дома»

 (Б) «чтобы хорошо отдохнуть, надо ехать в горы»

 (В) «скоро наступит время отпусков»

9. Молодые россияне предпочитают ... .

 (А) проводить время на даче

(Б) совершать туристические походы

(В) отдыхать у реки или у моря

10. Россияне относятся к кредитам — ... .

(А) примерно четверть россиян готовы взять кредит на покупку путёвок

(Б) 82% россиян потенциально готовы взять кредит на покупку товаров

(В) 12% россиян готовы взять кредит ради отдыха

Текст 4

Россия вновь впереди планеты всей: на прошлой неделе СМИ передали, что семимиллиардным жителем Земли должен стать ... калининградец. Якобы именно малышу, родившемуся в Калининграде с 30 на 31 октября, присвоят почётный титул семимиллиардного. Когда вы читаете эти строки, он уже родился, хотя чисто статистически это, скорее всего, азиат или африканец. По прогнозам ООН, обнародованным на минувшей неделе, самыми густонаселёнными регионами мира, где рождается больше всего людей, в XXI веке будут Африка и Азия. Впрочем, Азию скоро догонит Африка: к концу столетия на Чёрном континенте будут «толкаться» примерно 3 миллиарда 600 миллионов человек. В Европе численность населения тоже продолжит расти и составит 740 миллионов человек к 2025 году.

Парадокс в том, что рост населения Земли — это не навсегда. И независимые эксперты, и ООН предсказывают, что в какой-то момент он прекратится, а затем начнётся падение. Когда именно это произойдёт, договориться пока не могут. По прогнозам ООН, в Европе — после 2025 года, а, к примеру, в Азии — с 2052 года. Некоторые демографы высказываются более категорично: уже сегодня свыше 42 процентов людей проживают в странах со сверхнизкой рождаемостью, поэтому 7 млрд — это вообще предел для планеты.

Что касается России, то мы пока удерживаемся наравне со странами Запада: согласно ООН, суммарный коэффициент рождаемости (среднее число рождений на одну женщину) для нашей страны составляет 1,5. Такой же показатель, к примеру, у Италии и Греции, при этом государства вроде Австрии или Польши от нас отстают. Однако дальнейший прогноз для России неутешителен: россиян будет становиться всё меньше. Не помогут и мигранты, за счёт которых ситуацию удавалось сдерживать.

— В 2009 году, когда правительство рапортовало о неимоверных успехах демографической политики, Россия продолжала терять почти по 250 тысяч человек ежегодно, — говорит Игорь Белобородов, директор Института демографических исследований. — Похожая ситуация была в 1994 году, когда на фоне естественной убыли, превышавшей 870 тысяч человек, вдруг ни с того ни с сего образовался демографический прирост. На самом деле в тот год наблюдалось усиление миграционного потока. Получилось свыше 978 тысяч иммигрантов, но проблема депопуляции никуда не делась. По мнению эксперта, наиболее реалистичная перспектива для России — это население 80 миллионов человек к 2050 году (сейчас в стране насчитывается 142 миллиона).

— Если сегодня для замещения поколений нам нужно 2,2 рождения на одну женщину, то к 2025 году потребуется уже более трёх рождений, — продолжает Белобородов. — Потому что мы попадаем в демографическую ловушку, когда количество женщин репродуктивного возраста постоянно снижается. Это, конечно, не приговор, но крайне опасно.

11. По прогнозам ООН, к 2025 году … .
    (А) в Африке численность населения достигнет 3,6 млрд человек
    (Б) в Европе численность населения продолжит падение
    (В) в Азии численность населения по-прежнему будет увеличиваться
12. … рождаемость ниже всего.
    (А) В России
    (Б) В Польше
    (В) В Италии
13. По мнению Белобородова, в 2050 году в России … .
    (А) численность населения увеличится на 80 миллионов человек
    (Б) численность населения уменьшится на 80 миллионов человек
    (В) численность населения составит 80 миллионов человек

Текст 5

Наша страна гордится такими собирателями музейных коллекций, как Павел Третьяков, Савва Мамонтов, Сергей Щукин. Среди них Иван Цветаев занимает особое место. Он не был ни богатым владельцем коллекции произведений искусства, ни меценатом. Жил на профессорское жалованье и собирал деньги у всех возможных дарителей, чтобы создать в России первый музей истории архитектуры и скульптуры древности, средних веков и эпохи Возрождения. Это подвижническое дело он совершил, говоря современным языком, на общественных началах, т. е. без всякого вознаграждения.

История создания Цветаевым Музея изящных искусств беспрецедентна. Он начал в буквальном смысле на пустом месте, там, где когда-то был плац для верховой езды. Сначала не было ни денег, ни коллекций. Но была готовность полностью посвятить себя этому благородному делу при ясном понимании, что «путь создания новых общественных учреждений, при всей высоте их целей и несомненной полезности их, не триумфальный путь, раз материальная сторона основывается на пожертвованиях частных лиц».

Сбор пожертвований на создание Музея изящных искусств начался в 1894 году. Звонили колокола по скончавшемуся императору Александру III, и в это время отходила одна московская старушка. Слушая колокола, она пожелала, чтобы оставшееся после нее состояние пошло на богоугодное заведение памяти почившего государя. Состояние было небольшое: всего только двадцать тысяч. С этих-то двадцати старушкиных тысяч и начался музей.

В 1895 году Цветаев совершил поездку в Европу и посетил большинство ведущих музеев в Дрездене, в Париже, в Лондоне, музеи Италии, фиксируя отличия одного от другого, подробно осматривая «скульптурный материал», знакомясь с методами наилучшего сохранения памятников и самыми удачными системами размещения экспонатов в залах. Он составил наиболее полный каталог изваяний, которые хотел иметь у себя.

Тогда Цветаев вспоминал: «Каждый существенный номер этого Музея приобретен для него только после старательного осмотра мною подлинников, рассеянных по государственным и общественным собраниям, по церквам, публичным зданиям, площадям и улицам цивилизованного мира».

Основанный им Музей изящных искусств — с 1932 года Государственный музей изобразительных искусств им. А. С. Пушкина — стал главным итогом его жизни.

14. В один ряд с меценатами и коллекционерами Цветаева ставят . . . .

 (А) за создание нового общественного учреждения

 (Б) за его высокие научные достижения

 (В) за создание каталога европейской скульптуры

15. Здание музея изящных искусств находится . . . .

 (А) на месте бывшего манежа

 (Б) на месте, где раньше ничего не было

 (В) на месте бывшей рыночной площади

16. Цветаев основал музей на . . . .

 (А) свое профессорское жалованье

 (Б) пожертвования разных людей

 (В) деньги скончавшегося Александра III

17. Результатом поездки Цветаева в Европу в 1895 явилось . . . .

 (А) приобретение экспонатов для музея

 (Б) сравнение музейных коллекций Европы

 (В) составление перечня желательных скульптур

18. Труд Цветаева по созданию музея . . . .

 (А) высоко оплачивался государством

 (Б) был добровольным и не оплачивался

 (В) оплачивался из пожертвований дарителей

19. Экспонаты для музея . . . .

 (А) отбирались лично Цветаевым

 (Б) приобретались по каталогам

 (В) покупались специальной комиссий

20. Цветаев понимал, что создание музея . . . .

 (А) принесет ему славу и деньги

 (Б) позволит ему посетить Европу

 (В) является необходимым делом

21. По мнению автора, история создания Музея изящных искусств . . . .

 (А) уникальна

 (Б) традиционна

 (В) загадочна

Текст 6

Примеры долголетия людей, в труде которых значительную роль играют элементы творчества, настолько многочисленны, что трудно не задуматься над вопросом, существует ли на самом деле закономерность между творчеством и феноменом долгожительства или это — не больше, чем наши субъективные представления, основанные на случайно выбранных памятью биографиях?

Вообще-то, чисто теоретически такие представления не противоречат фундаментальным биологическим закономерностям.

Исследования ученых показали, что одна из особенностей старения — снижение адаптационных способностей организма, вызванное ослаблением нервной системы, которое уменьшает сопротивление болезням и другим неблагоприятным условиям. Большинство долгожителей имеют сильный тип нервной деятельности, в старости они сохраняют особенности биоэлектрической деятельности мозга, свойственной молодости.

А так как наша «нервная система в высокой степени саморегулирующаяся, сама себя поддерживающаяся и даже совершенствующаяся, восстанавливающаяся» (И. П. Павлов), то можно сказать, что с ослаблением своей нервной системы может бороться каждый.

И тем не менее, как ни убедительна эта логика, все же она требует статистической проверки. С этой целью мы провели анализ биографических данных 26 855 ученых, инженеров, изобретателей, артистов, режиссеров, композиторов, певцов, музыкантов, скульпторов, ювелиров, писателей. Мы прекрасно отдаем себе отчет, что эти профессии не исчерпывают «перечня» профессий, где необходим постоянный творческий труд. Но мы остановились на этой выборке как на единственно возможной в данных условиях и притом достаточно представительной и по количеству, и по временной глубине — от античности до современности.

Что же выявил наш анализ? Самое главное — длительность жизни людей творческих профессий была значительно больше, чем средняя, во все эпохи. В античную — на 38 лет, в средние века — на 40 лет, в XVI веке — на 36,5 лет, в последующие века — на 35, 36 и 25 лет, в XX веке — на 8 лет. Причем вплоть до XIX века разрыв между продолжительностью жизни творцов и остального населения оставался примерно одинаковым.

А теперь посмотрим на другой фактор — материальное благосостояние: обеспеченность пищей, одеждой, жильем.

В 1965 – 1970 годы в среднем по всей планете люди жили 53 года, но в Центральной Америке — 39 лет, а в Европе — 71 год. В Древнем Риме жрецы жили 58 лет, а рабы — 17. Однако вряд ли стоит переоценивать влияние материальной обеспеченности. Члены династии Романовых жили в XVII—XIX веках в среднем 49,4 года, а русские писатели в тот же период — 55,4 года.

Итак, приведенные выше данные — при всей их фрагментарности — позволяют, на наш взгляд, утверждать: теоретические представления о том, что творческий труд — фактор хотя, конечно же, не единственный, но прямо связанный с долгожительством, имеют статистическое подтверждение.

22. Наблюдения над сроками жизни людей творческих профессий ....
    (А) ставит под сомнение существование зависимости между творчеством и феноменом долгожительства
    (Б) наводит на мысль о существовании зависимости между творчеством и феноменом долгожительства
    (В) опровергает существование зависимости между творчеством и феноменом долгожительства

23. Автор утверждает, что ....
    (А) ослабление нервной системы ведет к снижению адаптационных способностей организма
    (Б) причиной снижения адаптационных способностей организма является уменьшение сопротивления болезням и другим неблагоприятным условиям
    (В) снижение адаптационных способностей организма порождает ослабление нервной системы

24. Высказывание И. П. Павлова ....
    (А) противоречит мнению авторов о возможности борьбы с ослаблением нервной системы
    (Б) указывает на причины необходимости бороться с ослаблением нервной системы
    (В) подтверждает возможность борьбы с ослаблением нервной системы

25. Продолжительность жизни представителей творческих профессий ....
    (А) приблизительно равна продолжительности жизни остального населения
    (Б) в целом больше, чем продолжительность жизни остального населения
    (В) в целом меньше, чем продолжительность жизни представителей остального населения

26. Автор считает, что фактор материальной обеспеченности для продолжительности жизни является ....
    (А) несущественным
    (Б) определяющим
    (В) немаловажным

27. Данная статья ....
    (А) представляет собой обзор существующих взглядов на проблему продолжительности жизни
    (Б) касается проблемы наличия или отсутствия взаимосвязей между продолжительностью жизни и характером деятельности человека
    (В) посвящена проблемам борьбы с ослаблением нервной системы, снижающим адаптационные способности организма

Текст 7

Залитый хрустальным светом белоколонный зал филармонии медленно заполнялся.

Я не впервые был в этом великолепном зале. Но именно в этот день я волновался больше обычного. Возможно, это было оттого, что я долго не слышал симфонического оркестра.

Через оркестр шел дирижер. Он встал на возвышение и поднял палочку.

Вслушиваясь в звук оркестра, я пытался вспомнить широту русских просторов. Но вдруг где-то в глубине сознания возникла другая картина— большой белый парус, наполненный океанским ветром. Почему он пришел мне на память? Может, оттого, что весь зал в белых колоннах, похожих на свернутые паруса? Нет, не то. Что-то другое, что действительно вдруг выплыло из далекого прошлого. Да, я слышал эту симфонию еще тогда, когда не знал значения слова «филармония», когда весь мой мир ограничивался родным селением Уэлена.

И я вспомнил：

Пароход подошел близко к берегу. Дирижер молодо соскочил на берег и поздоровался со всей толпой. Потом он и председатель райисполкома обошли все деревянные дома Уэлена.

— Ищут такую ярангу, чтобы поместились все артисты, — разъяснил кто-то. Старый певец Рентыгыргын протолкался через толпу людей, сопровождавших дирижера, и взял его за рукав. «Идем со мной», — сказал он. Рентыгыргын подвел дирижера к шести огромным камням, наполовину вросшим в землю.

— Здесь мы поем наши песни, — сказал Рентыгыргын.

Дирижер окинул взглядом камни, посмотрел на море и сказал：

— Отличное место! Здесь и будем играть.

— Постелем на землю паруса, — сказал Рентыгыргын.

Со всего селения к священным камням натащили скамьи, стулья, табуретки, и всё это расставили перед разостланными парусами, на которых уже расположились на своих стульчиках музыканты.

Зрители заняли места перед оркестром. Дирижер поднял маленькую тоненькую палочку.

Я стоял в рядах зрителей.

Раздались первые звуки. Они были похожи на жалобу тысячи птиц, уносимых ветром. Птицы боролись с ветром. Кругом расстилалось море, где-то впереди маячил синий берег, он звал птиц, обещая им укрытие от бури. Мелодия нарастала. Она с каждой секундой наполнялась силой. Музыка как бы поднимала всех нас над морем. Никто не замечал времени.

Паруса, разостланные под оркестром, наполнились музыкой и несли музыкантов.

... С тех пор прошло более четверти века. Этот день был для меня и для многих моих земляков одним из самых замечательных. Уэлен уже давно не такой, каким был в день того, первого концерта. И, может быть, в том, что мои земляки стали смелее смотреть вперед, сыграла свою роль и музыка русского композитора Петра Ильича Чайковского, которая называется Первая симфония («Зимние грезы»), соль минор, сочинение тринадцатое...

28. Герой рассказа в детстве ... .

(А) часто ходил в филармонию в городе

(Б) никогда не был в филармонии в городе

(В) иногда ездил в филармонию на пароходе

29. Место, где жители селения пели песни, представляло собой ... .

(А) несколько больших камней в лесу

(Б) огромный зал, декорированный камнями

(В) несколько больших камней у моря

30. Дирижер, приехавший с оркестром в Уэлен, заходил в дома, чтобы . . . .

(А) найти дом для выступления оркестра

(Б) познакомится с бытом жителей села

(В) найти дома для поселения музыкантов

31. Жители селения во время концерта сидели . . . .

(А) перед парусами

(Б) на парусах

(В) под парусами

32. Слушая музыку, жители селения . . . .

(А) представляли, как птицы рвутся к берегу против ветра

(Б) наблюдали, как ветер гонит птиц вдаль от берега

(В) ни на что не обращали внимания, ничего не видели вокруг

33. Мелодия, которую исполняли музыканты на концерте в селении . . . .

(А) постепенно становилась тише и печальнее

(Б) постепенно становилась громче и торжественнее

(В) была торжественной от начала до конца

34. Место, где оркестр исполнял музыку, для жителей было местом . . . .

(А) поклонения божествам

(Б) культурного отдыха

(В) состязания певцов

35. Земляки автора слушали концерт музыкантов . . . .

(А) равнодушно, без интереса, только из вежливости

(Б) с восторгом и удивлением, забыв обо всем

(В) с возмущением, жалея, что теряют время

36. По мнению героя симфония Чайковского . . . .

(А) заставила жителей Уэлена поверить в себя

(Б) не изменила у жителей Уэлена их отношения к жизни

(В) подавила сознание людей своим величием

Текст 8

Представьте себе помещение, в которое просто не принято «входить без стука», причем стучаться необходимо даже тогда, когда «двери» не заперты.

И даже в том случае, когда вы уверены в том, что супругам нечего скрывать друг от друга, все же следует попросить разрешения «войти во внутренний мир другого».

Психологи уверены в том, что в семье обязательно нужно соблюдать некоторую дистанцию, и делать это нужно даже в большей степени, чем при общении с окружающими, не имеющими никакого отношения к той или иной семье.

Не стоит считать, что брак — это полная откровенность между супругами, так как у нее должен быть свой допустимый предел.

Если муж и жена будут иметь уважение к «территории» своей второй половины, то это будет являться одной из составляющих счастливой семьи.

Наверняка, вам приходилось сталкиваться с тем, что семейная ссора начинается из-за того, что жена «залезла» в мобильный телефон супруга или в его записную книжку, объясняя свое поведение тем, что это сделано во благо семьи, да и вообще ей непонятно, какие могут быть секреты между родными людьми.

А часто можно отметить и то, когда женщина, несмотря на неготовность мужчины к разговору, начинает его «пытать», задавая вопрос о том, чем заняты его мысли. Если партнер не готов к этому разговору, то жена начинает подозревать его в измене.

В таких случаях, как правило, дело заканчивается скандалом и выяснением отношений.

Это только примеры, так как в каждой семье сценарий может быть индивидуальным, но все же здесь присутствует одна общая деталь, когда один из супругов считает мысли и чувства другого своей собственностью.

А ведь это личная зона каждого из нас и в нее вход может быть запрещен.

И не стоит считать, что происходит это по причине того, что нам там просто не нашлось места или к нам не испытывают любви, просто человеку очень важно сохранить собственное «Я».

При этом следует помнить, что такое пространство присутствует не только внутри нас, но и вокруг.

Не зря же говорится: «личные вещи», «личный кабинет» и т. д. Большинство людей придают огромное значение всему этому, так как это позволяет чувствовать себя в безопасности.

А вот вольное или невольное нарушение «границы» на первом этапе способно вызвать лишь неприятное чувство, а позднее возникнет желание защититься и укрепить свои позиции, в конечном итоге все может закончиться уходом близкого человека.

Казалось бы странным, что чем ближе присутствие близости между людьми, тем данная проблема стоит острее.

Но все же справиться с ней можно и нужно. Просто у кого-то на это уйдет несколько месяцев, а кому-то потребуется несколько лет, ведь универсальных рецептов просто не существует в природе.

37. По мнению автора, входить в комнату другого без стука . . . .

   (А) ни в коем случае нельзя, ведь это нарушает мирную жизнь другого

   (Б) можно, ведь люди должны быть откровенны друг с другом

   (В) нельзя, даже между супругами есть своя тайна

38. По тексту семья, . . . , может быть счастливой.

   (А) где супруги соблюдают дистанцию с окружающими

   (Б) где супруги уважают «территорию» второй половины

   (В) где супруги позволяют другим войти в свой внутренний мир

39. . . . , отношения между супругами могут обостряться.

（А）Если супруги уверены, что им нечего скрывать друг от друга

（Б）Когда супруги интересуются, чем вторая половина занята

（В）Если один из супругов считает мысли и чувства другого своей собственностью

40. Нарушение «границы территории» второй половины может кончиться ... .

（А）разрушением доверия между супругами

（Б）решительным укреплением позиций супруга

（В）уходом близкого человека

41. В этом тексте говорится ... .

（А）о дистанции между друзьями

（Б）о личном пространстве человека

（В）об отношении мужа к жене

Текст 9

Первые киносеансы состоялись в России вскоре после изобретения кинематографа в 1895 г., и тогда же, в конце 19 в., были сняты первые русские документальные фильмы. В начале 20 в. в крупнейших городах страны появлялись кинотеатры, которые в те годы назывались «иллюзионы», открылись отечественные предприятия но производству кинофильмов. Но о русском, вернее, тогда уже советском кино, стали говорить серьезно в 1925 году, когда Сергей Эйзенштейн снял фильм «Броненосец Потемкин» о первой русской революции 1905 года. Этот фильм получил самую высокую премию Американской Киноакадемии. Именно после этого фильма искусствоведы стали говорить об особом киноязыке, который создал Эйзенштейн.

Хотелось бы отметить еще один фильм, который оказал большое влияние на русское искусство. Это «Летят журавли» кинорежиссера Михаила Калатозова. Картина снята в 1957 г. и получила главную премию на Каннском кинофестивале. Это фильм о второй мировой войне, но там нет военных сцен. В фильме показано, как война изменила судьбы людей, украла у них счастье. Главная героиня потеряла любимого человека. Мы понимаем, что она никогда больше не будет счастливой, у нее не будет семьи, детей. Она будет жить только воспоминанием о том коротком времени, когда была любимой и любила сама. Она тоже жертва войны. И таких жертв, которые остались доживать свой век без надежды на счастья, было очень много.

Рассказывая о фильмах 60 – 70-х гг., нельзя не сказать о фильме Михаила Ромма «Девять дней одного года». Если фильм «Броненосец Потемкин» был о революции, фильм «Летят журавли» — о войне, то этот фильм, снятый в 1962 г., показывал русскую интеллигенцию, чья судьба была связана с исследованием атома. Фильм получил в 1962 г. главную премию на Международном кинофестивале в Карловы-Вары. По определению Михаила Ромма, — это фильм-размышление, потому что научные поиски всегда неотделимы от нравственных оценок деятельности человека, его ответственности за человечество.

Творчество Андрея Тарковского неизменно привлекало интерес публики и вызывало жаркие споры. Фильм «Зеркало», вероятно, один из наиболее ассоциативных и метафоричных фильмов русского кинематографа: в нем показана судьба мальчика, тесно переплетенная со всеми событиями России 30 – 60-х гг. двадцатого столетия. По незначительным, часто кажущимся случайным деталям зритель узнает свое время, а иногда и себя, свои чувства и мысли. Андрей Тарковский также создал свой киноязык, яркий, образный, заставляющий зрителя думать и переживать увиденное.

Тема сталинизма волновала многих кинорежиссеров. По-разному решают эту тему Тенгиз Абуладзе и Никита Михалков. Для Абуладзе главным в фильме является размышление о покаянии, о признании своих ошибок. Покаянии каждого человека, без которого невозможно идти дальше, изменить жизнь к лучшему. Фильм «Покаяние» удостоен нескольких призов на Каннском фестивале 1987 г. Этот фильм называют судом совести. Фильм Михалкова «Утомленные солнцем» показывает один день в жизни советских людей; за этот один день происходят трагические события, отражающие конкретную эпоху сталинского времени. При этом Михалков показывает, как человек быстро может потерять все, во что верил, чему служил, что казалось прекрасным и понятным. В фильме нет злодеев и преступников. Все кажутся милыми людьми. Но именно эти люди все так или иначе принимали участие и тех страшных событиях, которые мы сейчас называем сталинизмом. В 1995 г. этот кинофильм получил премию Американской Киноакадемии как лучший иностранный фильм.

За сто лет кинематографа советскими и русскими мастерами киноискусства было снято огромное количество фильмов, документальных и художественных, детских и взрослых, сразу нашедших путь к зрителю или пролежавших на полке запрещенными много лет, получивших мировое признание или вскоре навсегда забытых. Все эти фильмы по-своему отражали эпоху, но все они сыграли свою роль в становлении и формировании школы русского советского киноискусства.

42. Фильм «Броненосец Потемкин» считается . . . .

（А）первым русским фильмом

（Б）первым советским фильмом

（В）первым художественным фильмом о революции

43. Сергей Эйзенштейн известен во всем мире как режиссер . . . .

（А）первого советского фильма

（Б）первого фильма о революции

（В）сумевший создать свой стиль в кинематографе

44. Фильм «Летят журавли» рассказывает . . . .

（А）о военных событиях

（Б）о судьбах простых людей во время войны

（В）жизни людей в послевоенное время

45. Много споров у зрителей и критиков вызвал фильм . . . .

（А）«Броненосец Потемкин»

（Б）«Летят журавли»

（В）«Зеркало»

46. Никита Михалков в своем фильме . . . .

（А）призывает всех к покаянию

（Б）показывает преступников, которые вызывают у зрителей ненависть

（В）показывает эпоху сталинизма на примере простой жизни обычных людей того времени

47. Главную премию на Каннском фестивале получил фильм ....

（А）«Покаяние»

（Б）«Летят журавли»

（В）«Броненосец Потемкин»

Текст 10

Карл Павлович Брюллов родился в Петербурге 12 декабря 1799 года в потомственной семье художников. Его прадед, дед и отец были художниками, скульпторами. У Карла Брюллова были старшие и младшие братья. Все они учились в Петербургской Академии художеств. Карл поступил в эту академию в 1809 году. Уже там он отличался среди сверстников своей одаренностью и усердием и пользовался у своих сверстников большой популярностью. Ему не исполнилось и 20 лет, когда он начал писать портреты на заказ. Портрет остался самым любимым жанром художника до конца его дней. В 1821 году Карл Брюллов заканчивает Академию с первой золотой медалью. Вместе с медалью прилагается грант от «Общества поощрения художников» на поездку за границу для дальнейшего обучения, на средства которого он отправляется в Италию. Карл едет в Италию со своим братом Александром. В музеях Италии юный художник изучает живопись прошлых веков. За годы пребывания в Италии Брюллов создал около ста двадцати портретов. Брюллов писал так, что все портреты его были привлекательны. А все потому, что он писал личности, к которым испытывает эмоциональную симпатию. Теперь он хочет работать самостоятельно. 28 мая 1829 года Брюллов отсылает в Петербург письмо, в котором вежливо отказывается от дальнейшего пенсиона Общества. Наконец-то он свободен в своих творениях. Он достаточно зарабатывает и ощущает себя уверенно. Но главная причина, заставившая его порвать с обществом, скорее всего крылась в том, что уже два года, с лета 1827, когда он впервые посетил раскопки Помпеи, в нем зреет грандиозный замысел монументальной исторической картины. История катастрофы захватила все его мысли. Сначала он создает несколько эскизов, а затем приступает к холсту. Для написания полотна он использует археологические раскопки, письма очевидцев, свои наблюдения на месте. Брюллов потратил много сил и энергии на эту работу. Всего на работу над «Последним днем Помпеи» ушло долгих 6 лет. Размер его достигал 30 метров.

После размещения картины наступил настоящий триумф Брюллова. Множество людей приходило посмотреть на шедевр. Потом полотно привезли в Милан. И снова толпы народы, слава, признание. Брюллова стали узнавать на улице. В середине тридцатых годов девятнадцатого столетия Брюллов снова отправляется путешествовать по Европе. При этом желание вернуться на Родину никогда не покидает его, и в тридцать шестом году девятнадцатого столетия он возвращается в Москву.

В Москве Карл Брюллов знакомится с Пушкиным А. С. выполняет его портреты. Был этап работы с Толетым А. К.

Но в Москве Карл Брюллов не может задерживаться на долго, — его ждали в Петербургкой академии художеств, где уже находилась его картина «Последний день Помпеи». Картина успевает побывать на многих выставках мира, где получает лестные отзывы. Только в Париже, находящийся на стыке времен, приняли картину довольно прохладно. В Петербурге картину встретили с восторгом, — это был триумф Карла Брюллова на Родине. Каждое поколение художников не устает восхищаться картиной, в том числе Алексей Кондратьевич Саврасов, который почти сутки стоял перед картиной. До сих пор картиной восхищается весь мир. Два последних года жизни художник провел Италии. Эти два года, оказались необычайно плодотворными в творчестве Брюллова. В Риме, как известно, у Брюллова была студия на Via Corso. Он начинает работать в новой манере, по его произведениям видно, что это уже другой Брюллов. Брюллов знакомится с Анжело Титтони, соратником Гарибальди, участником революции 1848 года. Почти два года перед смертью он находится в тесном кругу общения с его семьей.

Он пишет портреты Анжело Титтони, его братьев-карбонариев, его дочери Джульетты и других его родственников. «Портрет аббата» — в этой галерее образов Брюллов запечатлевает лицо страдающей, угнетенной, но непокоренной борющейся Италии. Новшество в творчестве Брюллова тех лет — обращение к драматической ситуации, взятой из повседневной жизни. Картина «Процессия слепых в Барселоне» находится в Милане. Видно целый ряд новых свойств, которые делают ее совершенно непохожей на прежние жанровые сцены художника. Последние работы Карла Павловича Брюллова — портреты, композиции на политические и драматические современные темы.

23 июня 1852 года Брюллова не стало в местечке Марчиано близ Рима. Он так и не сумел вернуться на родину. Художник был похоронен на кладбище Монте Тестаччо, римском кладбище для иностранцев-некатоликов Тестаччо. Случается, что судьба по-разному относится к людям. Кому-то она постоянно улыбается, а к кому-то ни разу не повернется лицом. Многие выдающиеся люди всю свою жизнь тратили на то, чтобы быть первыми в своем деле, но на них никто не обращал внимания, а если и обращал, то не всегда понимал. Многим людям просто везет — они оказываются в нужное время и в нужном месте. Русский живописец Карл Брюллов относится к тем людям, которые постоянно работали, постоянно учились и совершенствовали свое мастерство; он относится к тем людям, от которых не отвернулось общество, говоря, что его картины неправильные или попахивают дурным вкусом, а наоборот, еще при жизни художника общество признало его талант.

48. Карл Брюллов родился в ... .

(А) Москве

(Б) Петербурге

(В) Италии

49. Когда Карл поступил в Академию Художеств, ему было ... .

(А) 10 лет

(Б) 20 лет

(В) 22 года

50. Брюллов начал писать портреты ... .

(А) в Академии

(Б) в Италии

(В) в Петербурге

51. Художник поехал в Италию . . . .

(А) один

(Б) с отцом

(В) с братом

52. Брюллов отказался от денег спонсоров, потому что . . . .

(А) не хотел ни от кого зависеть материально

(Б) художники не оценили его талант

(В) хотел быть свободен в своем творчестве

53. При работе над картиной «Гибель Помпеи» художник использовал . . . .

(А) эскизы других художников

(Б) литературу

(В) результаты археологических раскопок

54. Карл Брюллов работал над картиной . . . .

(А) 6 лет

(Б) 30 лет

(В) несколько месяцев

55. Картина «Гибель Помпеи» . . . .

(А) имела успех в Италии

(Б) имела огромный успех в Париже

(В) имела успех только в Милане

56. После поездки по Европе Брюллов возвращается в . . . .

(А) Петербург

(Б) Москву

(В) Италию

57. Брюллов написал портрет . . . .

(А) А. С. Пушкина

(Б) Дж. Гарибальди

(В) А. К. Саврасова

58. Последние годы жизни художник . . . .

(А) не писал

(Б) писал мало

(В) писал в новой манере

59. Художник похоронен в . . . .

(А) в Риме

(Б) в России

(В) недалеко от Рима

60. Автор статьи считает, что . . . .

（А）современники не в полной мере оценили талант Брюллова

（Б）Брюллову просто повезло в жизни

（В）Брюллов заслужил свое признание огромным трудом и талантом

参考答案

1. Б	2. В	3. В	4. В	5. В	6. А	7. А	8. В	9. В	10. В
11. В	12. Б	13. В	14. А	15. А	16. Б	17. В	18. Б	19. А	20. В
21. А	22. Б	23. А	24. В	25. Б	26. В	27. Б	28. Б	29. В	30. А
31. А	32. А	33. Б	34. А	35. Б	36. А	37. В	38. Б	39. В	40. В
41. Б	42. А	43. В	44. В	45. В	46. В	47. Б	48. Б	49. А	50. В
51. В	52. В	53. В	54. А	55. А	56. Б	57. А	58. В	59. В	60. В

三、写 作

俄语写作是对考生语言综合运用能力的考查,它要求考生具备一定的词汇量、基本语法知识、遣词造句的能力以及良好的思维能力和组织文章的技巧。

写作考试达到 43 分(该考试科目总分的 66%)为合格。写作答题时间 55 分钟。

俄罗斯对外俄语 B2 级考试写作(Письмо)分为 3 个部分,每个部分按要求写一篇短文:

(1)推荐信(把一则广告内容推荐给朋友,写成书信形式);

(2)应用文(声明信、感谢信、请假条、邀请信、投诉信、便条等,按应用文格式进行书写);

(3)介绍信(向朋友的求职单位介绍朋友性格及工作能力等,写成书信形式)。

(一)推荐信

试题中给出一个广告单,里边有若干条广告。考生可以把其中一条广告推荐给朋友或需要的人。推荐信写成书信形式,形式不是固定的,只要把广告内容写清楚即可达到考试要求。阅读广告时间 5 分钟,写作时间 15 分钟,共 20 分钟。作文长度:50~70 词。请看以下例子。

Задание 1. Представьте, что Ваш друг хочет пройти курс обучения за границей. На основе предлагаемой рекламной информации напишите ему письмо, в котором рекомендуете ему одну программу обучения за границей. Ваше письмо должно содержать информацию о предлагаемых программах, достаточную для принятия решения.

Университет Леона Козминского
Польша (Варшава)

Язык обучения: английский.

Программа: бакалавриат, магистратура

Специализации: бизнес, менеджмент, экономика и финансы.

Стоимость обучения:

Бакалавриат — 4 150 € /год

Магистратура — 11 000 € /год

www.kozminski.edu.pl

EC Торонто

Канада（Торонто）

Язык обучения: английский.

Программа: бизнес английский, общий английский, подготовка к экзаменам IELTS, подготовка к экзаменам TOEFL.

Стоимость（с проживанием）: от 1 050 $

www. ecenglish. com/en/Toronto

Школа здоровья и красоты «Ecovillage» в Финляндии

приглашает всех желающих пройти оздоровительный курс «Скандинавская фитотерапия».

Стоимость— 1 000 €/месяц

www. ecovillage. com

Домус Академи

Италия（Милан）

Язык обучения: английский.

Программа: летние курсы

（«Дизайн для всех» «Создание модной коллекции» «Моделирование одежды для дресс-кода» «Создаем выставку»）. Продолжительность: 2 недели.

Стоимость: 1 750 €（стоимость авиабилета не включена）

www. domusacademy. com

Санкт-Петербургский государственный университет

Центр международного обучения. Любые формы обучения за рубежом

Для школьников:

— обучение в частных и государственных школах Великобритании, США, Франции, Австралии, Испании и Германии;

— языковые программы в каникулы в Англии, США и Германии;

—стипендиальные программы Беллербис колледжа.

Для студентов:

— учеба в университетах США и Европы;

— обменные и стипендиальные стажировки в университетах США, Европы и Японии;

— языковые программы в странах Западной Европы, США, Канаде, Австралии и Японии.

spbu. ru

☞ 参考范文

Здравствуй, дорогой Миша!

В газете я прочитал объявление о том, что Центр международного обучения Санкт-Петербургского государственного университета организует летнюю школу за рубежом. Я знаю, что ты хорошо знаешь японский язык, и давно мечтаешь побывать в Японии на языковой практике. Кстати, в программе есть языковая практика в Японии, которая продолжается две недели. Важно, что плата не очень дорогая. Я думаю, что программа подходит тебе. Подробная информация на сайте spbu.ru.

Желаю тебе удачи!

Пока, Антон!

01.07.2022

推荐信也可能只给出一条具体的广告信息，考生根据该条广告信息写成书信形式推荐给朋友或需要的人。阅读广告时间5分钟，写作时间15分钟，共20分钟。作文长度：50~70词。请看以下例子。

Задание 2. На основе предложенной рекламной информации напишите письмо, в котором вы рекомендуете вашему знакомому/сыну, дочери вашего знакомого/, который давно хотел научиться хорошо готовить на кулинарных курсах. Ваше письмо должно содержать информацию о предлагаемых услугах, достаточную для принятия решения и позволяющую остановиться на одном из предложенных вариантов.

КУРИНАРНЫЕ КУРСЫ

Занятия пройдут с 07.11 по 30.11.

Идет набор группы, в которых не более 8 человек.

Стоимость — 10 000 рублей.

Содействие в трудоустройстве.

Все подробности по телефону: 8 499 324 65 12.

☞ 参考范文

Привет, Иван!

Ты мне рассказывал, что уже давно хочешь научиться готовить вкусные и оригинальные блюда, но у тебя постоянно не хватает времени. В газете я увидел объявление о новых кулинарных курсах под руководством лучших московских шеф-поваров. Я считаю, что этот интенсивный курс поможет тебе осуществить твою мечту. В объявлении я прочитал, что обучение проходит в группах не более 8 человек, значит шеф-повар сможет уделять тебе больше внимания, так же ты можешь выбрать любое удобное время, утро день или вечер. Курсы длятся 3 недели и стоят всего 10 000 рублей. Для записи указан круглосуточный телефон 8 499 324 65 12.

Желаю тебе успехов!

Пока!

Андрей

07.07.2022

(二) 应用文

应用文是人们日常生活和工作中常使用的一种书面文体。应用文有自己程式化的写作模式，在用词、语法、谋篇上有自己的特点，因此考生应该尽可能去模仿范文，切不可自由发挥。考生应该掌握以下应用文的写作：申请书(заявление)、邀请信(приглашение)、履历(автобиография)、收据(расписка)、证明(справка)、感谢信(письмо-благодарность)、贺信(письмо-поздравление)、布告(объявление)、投诉信(жалоба)、解释信(объяснительная записка)、名片(визитка)、等。以下为具体示例：

(1) 申请书(Заявление)。

申请书通常包括：①收件人名称；②申请人名称；③申请书名称；④正文；⑤签字；⑥日期。

> Декану филологического факультета МГУ
> студента Ли Мина
>
> Заявление
>
> Прошу разрешить мне досрочно сдать экзамен по истории в связи с необходимостью отъезда в Китай по семейным обстоятельствам.
>
> Прилагаю письмо с сообщением о болезни моей матери.
>
> Ли Мин (Подпись)
>
> 9 марта 2022 года

注意事项：

第一，右上角的收件人用第三格形式，如 Декану факультета русского языка (致俄语系系主任) 中 Декану 用第三格。

第二，申请人用第二格形式，如 студента Ли Мина，即李明的申请书。

第三，收件人和申请人写在右上方。

第四，正文另起行，通常以 Прошу... 等句式引出。

(2) 邀请信 (Приглашение)。

邀请信(请柬)通常包括：①标题(Приглашение 或 Пригласительный билет)；②被邀请人的称谓；③活动的内容、举行的时间和地点；④邀请人或邀请机构。

ПРИГЛАШЕНИЕ

Приглашаем Вас на торжественный вечер, посвященный 80-летию филологического факультета. Церемония состоится в актовом зале университета 17.06.2022 года в 19:30.

С уважением,

декан (Подпись)

Тел.: 8(8422)414 – 141

注意事项：

第一，标题（Приглашение 或 Пригласительный билет）有时写在邀请信的信封上。

第二，被邀请人的称谓居中写，其后用感叹号。

（3）履历（Автобиография）。

履历通常包括：①名称；②正文；③签名；④日期。

АВТОБИОГРАФИЯ

Я, Ли Минь, родился в городе Харбин провинции Хэйлунцзян.

Мой отец, Ли Шугон, работает преподавателем русского языка в Харбинском политехническом университете; мать, Ван Мэй, — врач.

В 2011 году поступил в среднюю школу №1, которую окончил в 2017 году.

В 2017 году поступил в институт русского языка Хэйлунцзянского университета. В настоящее время учусь на втором курсе.

Ли Минь

4 марта 2022 г.

注意事项：

第一，履历应以第一人称撰写，开头的格式为：Я, фамилия и имя, родился... 需要写出出生时间和地点。

第二，写明受教育的情况，包括中学和大学。

第三，目前的工作（学习）地点和职务。

第四，履历需要本人签名，写于右下角，日期写在左下角。

（4）收据（Расписка）。

收据又称收条，是确认领到或收到钱款的一种应用文，形式较为自由。收据通常包括：①名称；②正文；③收据书写人签名；④日期。

Расписка

Я, Ван Лан (студенческий билет №201550617), получила стипендию за март в сумме пять тысяч рублей (5 000 рублей) от старосты Екатерины Глуховой.

30 марта 2022 года

Ван Лан (Подпись)

注意事项：
第一，收据中一般包括收据书写人的证件名称及号码。
第二，收据中的钱、物数量应用阿拉伯数字和文字(俄语)两种形式标明。

(5)证明(Справка)。
证明通常包括：①证明开具的地点；②证明开具机构的名称和联系方式；③文件名称；④日期；⑤正文；⑥负责人签字；⑦机构公章。

Московский государственный университет им. М. В. Ломоносова
Россия, 119899
Тел. 939 – 11 – 02
№13/036
19 марта 2012 года

СПРАВКА

Выдана гражданину КНР Ван Сяомину в том, что он до 30 мая 2022 года является студентом подготовительного факультета Московского государственного университета им. М. В. Ломоносова.

По условиям контракта Ван Сяомину гарантируются место в общежитии, стипендия и медобслуживание.

Начальник Консульско-протокольного управления МГУ

В. В. Солокова(подпись)

(печать)

注意事项：
第一，证明开具的时间等信息一般写在左上角。
第二，正文中 Выдана 的主语是 справка。

(6)感谢信(Письмо-благодарность)。
感谢信是对对方来信或其他帮助的感谢信函。
感谢信通常包括：①被感谢人的称谓；②正文(感谢的事由)；③签名；④日期。

Уважаемая Людмила Ивановна!

Подтверждаем получение Вашего письма от 6 марта. Искренне благодарим Вас за сердечное поздравление с праздником. Одновременно позвольте поблагодарить Вас за помощь, которую Вы нам оказали, когда мы были в Вашем городе.

С уважением,
Николай Семенович Павлов
15 марта 2022 года

(7) 贺信(Письмо-поздравление)。

贺信是祝贺喜庆之日或取得成绩的信函。贺信通常包括：①被祝贺人的称谓；②正文；③签名；④日期。

Милые, дорогие женщины!

Поздравляю Вас с Международным женским днем.

Желаю счастья, любви, семейного благополучия, радости, хорошего весеннего настроения.

Декан факультета русского языка

(Подпись)

8 марта 2022 года

注意事项：

第一，被邀请人和被祝贺人的称谓居中写，其后用感叹号。

第二，签名写于右下角，日期写在左下角。

(8) 布告(Объявление)。

布告是关于某事的通知，布告的内容多种多样，比如举办展览、举行旅游等。布告通常包括：①时间；②地点；③活动名称；④活动举办者。

Объявление

31 декабря в 18:00 в аудитории 101 учебного корпуса №1 состоится Новогодний вечер факультета русского языка.

Деканат

28 декабря 2021 года

注意事项：

第一，布告中的时间、地点必须明确。

第二，布告中应明确活动的组织者。

(9) 投诉信(Жалоба)。

Директору фирмы «Аэрофлот» Иванову А. А.

пассажира Чао Лина

Жалоба

Довожу до вашего сведения, что во время полета в Санкт-Петербург Вашей компании мой багаж везен в Париж.

Этот багаж необходимый, чтобы выполнить цель полета.

Прошу Вас принять соответствующие меры.

06.07.2022

Чао Лин

注意事项:

第一,пассажира Чао Мина 也可以用 от пассажира Чао Лина。

第二,结尾必须写明需采取措施。

(10)解释信(Объяснительная записка)。

> Декану филологического факультета проф. Сидоровой Т. П.
> студента Ван Чао
>
> **Объяснительная записка**
>
> Я, студент Ван Чао, 21 марта 2022 г. опоздал на лекцию по литературе на 30 минут ввиду болезни. Приношу свои извинения и обязуюсь отработать занятие в удобное для преподавателя время.
>
> Ван Чао
>
> 22.03.2022

注意事项:

第一,明确向谁解释。

第二,写清楚原因。

(11)名片(Визитка)。

名片通常包括:①姓名;②职务;③单位;④地址;⑤联系方式。

> Московский государственный технический университет имени Н. Э. Баумана
>
> **Иванов Андрей Сергеевич**
>
> Проректор по учебно-методической работе
>
> 105005 Москва, 2-ая Бауманская, 5
>
> Тел.: +7 474 123 45 67
>
> E-mal: ivanov@bmstu.ru

注意事项:

第一,名片中的姓名不要简写。

第二,姓名下方一般标注该人职务或职称。

应用文的写作有自己程式化的写作模式,写作的时候一定注意格式,切不可自由发挥。作文长度:50~70 词。请看以下两个例子。

Задание 3. Вы купили некачественный товар (компьютер) в магазине «Мир электроники». Когда вы обратились в магазин, вам отказались вернуть деньги. Напишите жалобу на имя директора магазина.

☞ 参考范文

> Директору магазина «Мир электроники» Сидорову А. А.
> от покупателя Чан Лина
>
> *Жалоба*
>
> Довожу до вашего сведения, что 23 мая я приобрел в вашем магазине компьютер AUS стоимостью пятьдесят тысяч рублей (квитанция об оплате № 67848). В ходе его использования мной были обнаружены неполадки, после чего я решил вернуть компьютер в ваш магазин. Но администратор магазина Сергеев А. И. принять товар обратно и вернуть его стоимость отказался. Примите соответствующие меры для замены компьютера или возвращения его стоимости.
>
> 25.05.2022
>
> Чан Лин

Задание 4. Вы прошли стажировку в редакции газеты. На факультете журналистики вас попросили написать отчет о стажировке. Напишите, какую работу вы выполняли в редакции, какие материалы готовили, какие материалы самостоятельно написали, довольны ли вы стажировкой, в какой степени стажировка может помочь вам в будущей работе.

☞ 参考范文

> Отчет стажировки
>
> В период с 14.02.2022 по 30.03.2022 я проходила практику в редакции газеты «Правда». Руководителем практики была старший редактор газеты Анна Иванова. За все время практики было опубликовано 5 моих материалов, 3 из которых были репортажи, опрос и заметка. Некоторые темы для работ выбирала сама и соглашала их с Анной Ивановой, некоторые были предложены самим редактором. За время практики зарекомендовала себя, как исполнительный начинающий журналист, способный оперативно откликаться на актуальные темы. Стажировка мне понравилась, и думаю, что в будущем мне это очень пригодится, потому что я получила опыт работы.
>
> 01.04.2022
>
> Чжан Ли

（三）介绍信

介绍信是向某人介绍自己的朋友到公司或学校等地方工作。在信中需描写自己朋友的受教育程度、性格、工作能力等。因为写这类介绍信都是固定内容,相对来说比较容易。介绍信用书信的形式书写，格式比较自由。作文长度：100~150 词。请看以下例子。

Задание 5. Ваш знакомый — директор гимназии — обратился к Вам с просьбой охарактеризовать человека, который претендует на должность преподавателя истории. Вы хорошо знаете этого претендента по вашей совместной работе или учебе. Напишите неофициальное / неформальное письмо, в котором будут отражены такие личностные и профессиональные качества этого человека, как:
- образование;
- деловые качества;
- опыт работы;
- характер;
- сфера интересов;
- факты и события из его жизни, которые привлекли Ваше внимание,

а также оцените, соответствуют ли личностные и профессиональные качества этого человека предполагаемой работе.

☞ 参考范文

> Здравствуй, Иван!
> Как у тебя дела в гимназии? У меня все хорошо, я учусь в магистратуре университета в Санкт-Петербурге. Недавно ты обратился ко мне с просьбой описать человека, который претендует на должность преподавателя истории в вашей гимназии. Антон — мой хороший друг. Он учился в СПбГУ, и закончил его с красным дипломом. Он отлично учился и добился уважения преподавателей. У него отличные деловые качества: пунктуальность, усидчивостью, усердием и трудолюбием. У Антона есть опыт работы в школе и университете. По характеру он человек спокойный и уравновешенный. Интересуется театром и кино, любит русскую литературу. Когда мы учились вместе, все отмечали, что у него талант к обучению других людей. Все это делает его идеальным кандидатом на должность преподавателя истории.
> До свидания!
> Твой Алеша
> 08.07.2022

# 四、听 力

俄罗斯对外俄语 B2 级考试听力(Аудирование)共 25 题,答对至少 17 题(该考试科目总分的 66%)为合格。听力考试时间 35 分钟。

听力考试包括 2 部分,即听录音回答问题(1~10 题)和看视频回答问题(11~25 题)。考试内容包括:

(1)听对话录音回答 1~5 题;
(2)听广告录音回答 6~10 题;
(3)看电影片段回答 11~15 题;
(4)看电视新闻回答 16~20 题;
(5)看新闻采访回答 21~25 题。

(一)听对话

听对话部分只有一小段对话,共 5 道选择题(1~5 题)。对话时间 30 秒,答题时间 5 分钟。听力内容在录音里,下面是试卷上的选择题。

1—5. Прослушайте начальные реплики диалога двух людей при их встрече и выберите вариант ответа к каждому из заданий.

1. Говорящий считает, что погода в Петербурге . . . .
   (А) очень часто меняется
   (Б) слишком дождливая
   (В) всегда солнечная

2. По мнению говорящего, прогнозы погоды . . . .
   (А) всегда сбываются
   (Б) иногда ошибаются
   (В) никогда не бывают верными

3. Говорящий хотел бы, чтобы . . . .
   (А) прогнозы погоды всегда сбывались
   (Б) его настроение не определялось погодой
   (В) в Петербурге реже шёл дождь

4. В словах говорящего о погоде звучит . . . .
   (А) возмущение
   (Б) сожаление
   (В) безразличие

5. Говорящий и его собеседник . . . .

   （А）люди одного социального статуса

   （Б）люди разного возраста и социального положения

   （В）мало знакомы друг с другом

听力录音材料

   А：Привет!

   Б：Как дела?

   А：Какие тут дела! Ну и погодка у нас в Петербурге то дождь пойдет, то солнце светит. А эти прогнозы погоды, они всегда ошибаются. Возьмешь зонтик, точно не будет дождя. Не возьмешь, обязательно промокнешь до нитки. И так бы хотелось, чтобы настроение не зависело от погоды.

参考答案

1. А 2. В 3. Б 4. Б 5. А

（二）听广告

听广告部分只有一段广告，共 5 道选择题(6~10 题)。广告时间 30 秒，答题时间 5 分钟。听力内容在录音里，下面是试卷上的选择题。

Задания 6－10. Прослушайте рекламную информацию и выберите вариант ответа к каждому из заданий.

6. Занятия в школе Натальи и Николая Романовых направлены на обучение . . . .

   （А）правилам правописания

   （Б）ораторскому мастерству

   （В）русской литературе

7. В школе Натальи и Николая Романовых используются . . . .

   （А）традиционные методики

   （Б）авторские методики

   （В）сочетание традиционных и авторских методик

8. Занятия в школе Натальи и Николая Романовых начинаются . . . .

   （А）1-го сентября

   （Б）1-го октября

   （В）1-го января

9. 10% скидка на обучение предоставляется . . .

   （А）ученикам старших классов

   （Б）поступающим в вузы

   （В）студентам начальных курсов

10. Это рекламная информация интересна . . . .

   (А) абитуриентам

   (Б) ученикам старших классов

   (В) всем желающим грамотно писать

听力录音材料

Школа грамотного письма Натальи и Николая Романовых приглашает учеников старших классов, абитуриентов и всех желающих овладеть правилами русской орфографии и пунктуации. В основе обучения лежат уникальные авторские методики. Начало занятий 1 сентября.

Поступающим в вузы предоставляется 10% скидка.

Школа грамотного письма— поступайте правильно.

Наш адрес: Соляной переулок, дом 12, школа 181. Телефон: 2723892. Станция метро «Чернышевская».

6. А 7. Б 8. А 9. Б 10. В

(三) 看电影片段

看电影的一个片段,共5道选择题(11~15题)。电影片段在视频里,视频时间2分钟,答题时间6分钟。下面是试卷上的选择题。

Задания 11–15. Посмотрите фрагмент видеозаписи кинофильма «Приходи на меня посмотреть» и выберите вариант ответа к каждому из заданий.

11. В том, что личная жизнь дочери не сложилась, мать упрекает . . . .

   (А) дочь

   (Б) себя

   (В) жизненные обстоятельства

12. Мужчины, с которыми у дочери были любовные истории . . . .

   (А) женаты

   (Б) разведены

   (В) умерли

13. О коллеге из издательства дочь . . . .

   (А) вспоминает с удовольствием

   (Б) охотно рассказывает

   (В) не хочет разговаривать

14. Личная жизнь дочери вызывает у матери чувство . . . .

   (А) огорчения

   (Б) неудовольствия

（В）возмущения

15. Дочь разговаривает с матерью о своей личной жизни, потому что . . . .

（А）хочет быть с ней откровенной

（Б）это ее очень волнует

（В）не хочет огорчать мать

视频录音材料

Мама：Я покидаю тебя без мужа, без детей, без близкого человека. Ты лучшая из дочерей. Почему такая несправедливость? Почему ты должна дойти свой путь в одиночестве?

Дочь：Мам, на свете полно старых дев.

Мама：Не смей говорить таких слов, ты хорошенькая, у тебя фигура, высшее образование, ты интеллигентная, порядочная, хорошая без вредных привычек.

Дочь：Классический портрет старой девы.

Мама：Я говорю серьезно.

Дочь：И я серьезно.

Мама：Я никогда тебя не спрашивала.

Дочь：А что, если омлет слабо прожаренный, с тертым сыром, сельдереем?

Мама：Можно я спрошу хоть перед смертью. Ты была когда-нибудь влюблена?

Дочь：Можно, но я ужасно влюбчива. Была лет тридцать назад. А что, если салат из моркови с яблоками? А, мам!

Мама：А у тебя были связи.

Дочь：Связи, ты что имеешь в виду? Ну предположим.

Мама：Ты только не обижайся! Предположим с мужчинами.

Дочь：Ну боюсь, что были. Именно с мужчинами. Мам, ну ты не волнуйся, это все в прошлом.

Мама：А у тебя есть прошлое? И много?

Дочь：Чего много.

Мама：Ну, этих связей.

Дочь：Кажется, две.

Мама：Две. Это за какой период?

Дочь：Ну, ты не волнуйся, это за всю жизнь.

Мама：Всего две. Какой ужас! А давно.

Дочь：Давненько.

Мама：Почему же ты не захотела выйти замуж за этих двух?

Дочь：Не захотели они, мама.

Мама：Идиоты. Ну и где они теперь?

Дочь：Оба женаты, насколько я знаю.

Мама：А ты поддерживаешь с ними отношения?

Дочь：Нет.

Мама：Это недальновидно, Таня! Они могли овдоветь, развестись. Я уверена, что они тебя очень хорошо помнят, и горько сожалеют о своих ошибках.

Дочь: Не думаю, все. Мамочка, ужинать. Салатик.

Мама: А твой вот этот коллега из издательства?

Дочь: Ой, о нем не вспоминай больше!

Мама: Ты останешься одна из-за моего эгоизма. Тяжко умирать с таким камнем на сердце.

Дочь: Мамочка, да что с тобой сегодня такое?

Мама: Не пугайся, не паникуй, и не плачь. Знаю, что умру сегодня или завтра.

Дочь: Немедленно вызываю врача.

Мама: Врач меня не утешит. Только одно могло бы меня примирить с мыслью о разлуке с тобой, если бы ты была замужем.

参考答案

11. Б   12. А   13. В   14. А   15. В

(四) 看电视新闻

看一段电视新闻，共5道选择题(16~20题)。电视新闻在视频里，视频时间2分钟，答题时间6分钟。下面是试卷上的选择题。

Задания 16–20. Прослушайте аудиозапись новостей и выберите вариант ответа к каждому из заданий.

16. Дмитрий Патрушев — ... .
    (А) министр сельского хозяйства
    (Б) министр лесного хозяйства
    (В) министр транспорта

17. ... выступил Дмитрий Патрушев.
    (А) Перед депутатами Госдумы
    (Б) Перед кабинетом министров
    (В) Перед сотрудниками Министерства сельского хозяйства

18. ... в этом году дал/-ла/-ло рекордный урожай.
    (А) Картофель
    (Б) Свекла
    (В) Зерно

19. ... в основном гарантирует стабильный урожай в России.
    (А) Хорошая погода
    (Б) Технологический рывок
    (В) Плодородная почва

20. По прогнозам, объем внешней торговли в 2022 году составит порядка ... .
    (А) 4 млрд долларов

(Б) 40 млрд долларов

(В) 400 млрд долларов

视频录音材料

Цены на продукты в России остаются стабильными. Темпы роста ниже мировых, заявил министр сельского хозяйства Дмитрий Патрушев. Он выступил на правительственном часе в Госдуме. Ведомство, по его словам, продолжает следить за ситуацией на продовольственном рынке, при необходимости будут приняты дополнительные меры. Министр также напомнил, что с полей в этом году собрали рекордный урожай зерна. Нашу продукцию знают и ценят во всем мире за высокое качество.

— Наши растениеводы добились рекордных сборов зерна, на сегодня это более 159 миллионов тонн в бункерном весе. В чистом рассчитываем, что это будет порядка 150. Урожай сахарной свеклы, сои, рапса, картофеля, овощей и фруктов также выше уровня прошлого года. Это не просто, как говорится, «повезло с погодой». За последние годы российский АПК сделал серьезный технологический рывок, и именно он гарантирует стабильный урожай и делает возможным планомерный рост показателей. Продолжаем исполнять и экспортные обязательства, в первую очередь, перед дружественными странами. Наше продовольствие востребовано в мире и на сегодня поставляется более чем в 150 государств. По прогнозам, объем внешней торговли в 2022 году составит порядка 40 миллиардов долларов.

参考答案

16. А 17. А 18. В 19. Б 20. Б

（五）看新闻采访

看一段新闻采访,共 5 道选择题(21~25 题)。新闻采访在视频里,视频时间 2 分钟,答题时间 6 分钟。下面是试卷上的选择题。

Задания 21 – 25. Посмотрите фрагмент видеозаписи интервью ведущего А. Максимова с известным музыкантом-альтистом Юрием Башметом (телепрограмма «Ночной полёт»).

21. Ю. Башмет относится к своему инструменту как к . . . .

(А) деловому партнеру

(Б) близкому другу

(В) неодушевленному предмету

22. Ю. Башмет считает, что основной язык музыканта это . . . .

(А) краски звуков

(Б) палитра красок

(В) нотная грамотность

23. По мнению Ю. Башмета, произведения гениальных композиторов обращены к . . . .

（А）своим современникам

（Б）композитору

（В）человеку

24. Тезис ведущего о том, что каждый композитор может иметь свой определенный цвет, Ю. Башмет . . . .

（А）развивает

（Б）опровергает

（В）оставляет без внимания

25. Юрий Башмет общается с ведущим . . . .

（А）официально

（Б）по-дружески

（В）фамильярно

视频录音材料

Максимов：Скажите, а есть у Вас какие-то взаимоотношения с тем альтом, на котором Вы сейчас играете? Вот этот инструмент, он живое существо для Вас.

Башмет：Есть.

Максимов：Какие?

Башмет：Конечно, мне как-то трудно убедить Вас в том, что в моем инструменте есть душа, есть сердце.

Максимов：Почему я в это верю абсолютно, меня не надо убеждать?

Башмет：Нет, я очень рад, что Вы верите и все-таки у меня нет никаких доказательств. Понимаете? Это такой вопрос, который с одной стороны не требует доказательств, а с другой стороны без доказательств я объяснить не смогу.

Максимов：То есть, он может хотеть играть, может не хотеть играть.

Башмет：Да. Он может обижаться, он может. Ну, он самый близкий мой товарищ. Если я сейчас не буду говорить о людях, о жене, о детях, о родителях. А если так, вот с кем я вместе летаю, приземляюсь, потом выхожу на концерт. Это есть нечто одушевленное такое, с которым если я буду не в ладах, то и меня не будет.

Максимов：А он может с Вами спорить?

Башмет：Естественно.

Максимов：Это как происходит.

Башмет：Это происходит, когда ему не нравится, что он не выспался, и что он должен, прилетев в Японию, например, без адаптации звучать по вечернему. Да вот, например, с утра разве мы уже всегда в хорошем настроении до кофе, до душа? Он тоже. Он абсолютно живой во многом. А если этот двойной футляр, да вот был вопрос как раз про скрипку. А если в двойном футляре лежит еще и скрипка. Он просто упрямится, обижается и в общем как-то шипит в смысле уже в прямом по звуку. В то же время он очень зависим от меня, а я от него естественно. Если я простужен, то он тоже простужен. Короче говоря, наверное, доктор понял бы меня сейчас. Хороший доктор понял бы меня, простуженный человек, у него и мышцы какие-то другие сегодня по своей консистенции, по своему состоянию. Видимо, это все равно здесь, внутри.

Максимов: А он Вам не надоедает?

Башмет: Иногда да. Иногда бывает.

Максимов: А что Вы делаете тогда?

Башмет: А это замечательно. Когда мне надоедает этот звук, я либо должен уложить его спать, спокойно закрыть в футляре. Либо попытаться с ним поговорить на другом языке, и тогда есть возможность найти в нем нечто новое, свежее. И он с удовольствием отзывается, и тоже начинает импровизировать. Ведь краски звука, это наш язык. Я могу сказать наш язык, могу наш язык, или наш язык.

Максимов: А у звуков есть краски?

Башмет: А как же. Это же самое главное.

Максимов: А у композиторов есть цвета. Вот Моцарт такого цвета, а Верди такого цвета. Или так нельзя говорить.

Башмет: Я так не думаю. Это интересно, но я так не задавал себе вопрос. Нет, я думаю, что нет. Я думаю, что у гениев, композиторов есть невероятная палитра красок, потому что они говорят о человеке. А человек имеет такие понятия, человек как явление, как рождение и смерть, как любовь и ненависть, как добро и зло. И поэтому и у Верди и у Моцарта есть эти крайности. А вот какого цвета Моцарт или Верди, тут я сдаюсь.

21. Б 22. А 23. В 24. Б 25. Б

五、会 话

俄罗斯对外俄语 B2 级考试会话(Говорение)分为 3 个部分,共 15 题,得到至少 96 分(该考试科目总分的 66%)为合格。会话考试时间 45 分钟。

会话试题包括 3 个类型,即按要求完成对话(1~12 题)、描述视频情节及给报纸编辑部打电话(13~14 题)、就指定题目进行辩论(15 题)。会话试题内容包括:

(1) 用否定形式完成对话(1~4 题);
(2) 完成对话,表达同意、怀疑、高兴、惊讶、郁闷、建议等意图(5~8 题);
(3) 根据要求读句子,表达高兴、不满、惊讶、郁闷等语调(9~12 题);
(4) 看视频描述其中的人物和情节(第 13 题);
(5) 读报纸中的公告,打电话给编辑部咨询详情(第 14 题);
(6) 根据给定的题目与考官进行讨论(第 15 题)。

(一) 用否定形式完成对话

考官根据题目所给的内容朗读四个句子,考生需要用否定的形式来回答(1~4 题)。每道题答题时间 1.5 分钟。请看以下例子。

Задания 1-4. Представьте себе, что Вы с другом на автобусной экскурсии. Ему экскурсия понравилась, а Вам нет. Возразите собеседнику. Используйте антонимичные оценочные слова.

1. — (Звучит реплика*)
   — ....

2. — (Звучит реплика)
   — ....

3. — (Звучит реплика)
   — ....

4. — (Звучит реплика)
   — ....

参考答案

1. — Рассказ экскурсовода был очень увлекательным. (考官朗读)

---

* 考官朗读。

— А я считаю, что его рассказ очень скучный. (考生回答)

2. — Кроме того, мы побывали в таких живописных местах города! (考官朗读)

— Места совсем некрасивые. (考生回答)

3. — Автобус был очень комфортабельным. (考官朗读)

— Автобус был очень грязным. (考生回答)

4. — И еще мне понравились люди, которые ездили с нами на экскурсию. Все такие вежливые, культурные. (考官朗读)

— Они не воспитанные, громко шумели. (考生回答)

(二) 按要求完成对话

考官根据题目所给的内容朗读四个句子，考生需按要求完成对话，表达同意、怀疑、高兴、惊讶、郁闷、建议等意图(5~8题)。每道题答题时间1.5分钟。请看以下例子。

Задания 5–8. Вы разговариваете с деканом факультета, который сообщает Вам о будущей стажировке. Отреагируйте на реплики собеседника, выражая заданное намерение.

5. Выразите радость：

— (Звучит реплика①)

— ………………………… .

6. Выразите удивление：

— (Звучит реплика)

— ………………………… .

7. Выразите сожаление：

— (Звучит реплика)

— ………………………… .

8. Выразите пожелание：

— (Звучит реплика)

— ………………………… .

参考答案

5. Выразите радость：

— Вам предоставляется возможность поехать в Россию на языковую стажировку. (考官朗读)

— Здорово, я уже давно мечтаю побывать в России. (考生回答)

6. Выразите удивление：

— Вы получили такую возможность благодаря тому, что Вы выиграли конкурс «Знаете ли Вы Россию». (考官朗读)

— А именно я выиграл конкурс? (考生回答)

---

① 考官朗读。

7. Выразите сожаление:

— Эта стажировка двухнедельная. (考官朗读)

— Очень жаль, только две недели. (考生回答)

8. Выразите пожелание:

— Вы можете высказать свои пожелания по поводу организации поездки. (考官朗读)

— Желаю всем удачной стажировки. (考生回答)

(三) 按语调读对话

试卷上给出四个句子 (9~12题), 考生需按照给出的情绪要求进行朗读。每道题答题时间1.5分钟。请看以下例子。

Задания 9 – 12. Воспроизведите реплики с интонацией, соответствующей заданным намерениям:

9. Вы возмущены:

— Мне надоела музыка за стеной! Ну, сколько можно просить ее выключить!

10. Вы рады:

— Как здорово, что завтра суббота! Можно, наконец, выспаться!

11. Вы расстроены:

— Опять я опоздал на автобус. Опять опоздаю на урок...

12. Вы хвалите:

— Как хорошо вы говорите по-английски!

(四) 描述视频中的人物和情节

考生看一段视频(电影片段),然后口头陈述看到的内容。视频时间:1分45秒。准备时间:10分钟。回答时间:3~5分钟。请看以下例子。

Задание 13. Расскажите об увиденном друзьям. Ваш рассказ должен включать описание:

а) ситуации,

б) действующих лиц,

а также объяснение, почему, по Вашему мнению, возникла такая ситуация в жизни героев.

参考答案

Молодая женщина садится в лифт и поднимается на свой этаж. В лифт садится мужчина, в руках которого — елка. Сама женщина держит в руках торт. Лифт останавливается, женщина выходит, подходит к двери, открывает ее, проходит в квартиру. Она снимает пальто, входит в комнату, садится к столу. Стол накрыт к праздничному ужину. Женщина зажигает гирлянду на елке, встает, проходит в другую комнату, включает там свет, кладет что-то в ящик. Затем она берет в руки платье, рассматривает его, прикидывает, идет ли оно ей, и вдруг — ахает. На тахте она видит мужчину. Он спит. Женщина осторожно подходит к нему, дотрагивается до него, сначала осторожно, затем, пытаясь разбудить, расталкивает его, приказывает проснуться. Мужчина сопротивляется. Женщина пытается стащить его с тахты, но он упирается, вставать не хочет. Женщина хватает чайник, бежит на кухню, наливает воды в чайник, затем поливает мужчину водой. Ему это не нравится, он возмущается во сне и просыпается. Проснувшись, он явно ничего не понимает, требует, чтобы женщина ушла, снова ложится на тахту, бросает в женщину подушку. Он утверждает, что это его квартира. Женщина нервничает, опять пытается стащить его с тахты и выяснить, где живет мужчина, ибо, по ее словам, эта квартира — ее. Они обвиняют друг друга в сумасшествии. Мужчина удивленно смотрит на полку — там стоит фотография незнакомого мужчины. Его также удивляет, что мебель стоит не там, где он ее якобы ставил, а на столе — другие тарелки. Он обвиняет женщину в том, что это она поменяла посуду и переставила мебель. Ничего не понимая, он говорит: «Кошмар какой-то».

（五）给编辑部打电话咨询

考生须先读报纸中的广告,并对广告很感兴趣,根据给出的电话向对方进行详细咨询。此时,考生是提问者(整个对话过程中考生只能提问),考官只是回答考生提出的问题。准备时间:3分钟。回答时间:3~5分钟。请看以下例子。

Задание 14. Вы прочитали в газете объявление:

> Студентов и молодых специалистов, желающих поехать на краткосрочную стажировку в один из престижных университетов мира, приглашают принять участие в конкурсе.
>
> Условия участия:
> — владение иностранными языками;
> — актуальность темы для условий России;
> — научные публикации;
> — участие в симпозиумах и конференциях.
>
> Более подробную информацию Вы можете получить по телефону:
> 8 (812) 117 – 21 – 45.

Это объявление вас заинтересовало. Позвоните по указанному телефону и расспросите обо всем как можно более подробно, чтобы оценить свои шансы на победу в конкурсе.

参考答案

— Здравствуйте! Я прочитал ваше заявление, которое меня заинтересовало. Сейчас у меня несколько вопросов. Скажите, пожалуйста, в каком университете будет стажировка?（考生提问）
— （考官回答）.
— А какими иностранными языками надо овладеть, чтобы принять участие в конкурсе?
— （考官回答）.

— В объявлении так же сказана актуальность темы для условий России, расскажите про это подробнее. (考生提问)

— (考官回答).

— Последний пункт — это симпозиумы и конференции, что они в себя включают? (考生提问)

— (考官回答).

— Спасибо за информацию! Я подумаю и перезвоню вам. (考生提问)

— (考官回答).

(六) 与考官讨论指定题目

考生要参加指定题目的讨论。考生的讨论对象是考官,考官不断就讨论的题目向考生提问,考生在讨论过程中需坚持自己的观点来回答考官的提问。回答没有准备时间。辩论时间:不少于10分钟。该部分题目相对自由,考生可以自由发挥。下面是考试要求。

Задание 15. Примите участие в обсуждении определенной проблемы.

参考答案

— Чем полезны походы и экскурсии?

— Польза похода и экскурсии очевидна. Во-первых, совместные мероприятия сплачивают. Во-вторых, они помогают лучше узнать человека, посмотреть на него с другой стороны. В-третьих, походы и экскурсии носят воспитательный характер. Если мы отправляемся в поход, то знакомимся с миром живой природы, учимся сохранять природу, наводя после себя порядок. В походе мы приобретаем полезные навыки, вырабатываем силу воли. Если же мы участвуем в экскурсии, то узнаем что-то новое, расширяем кругозор.

— Что бы Вы рекомендовали Вашим сверстникам, решившим впервые отправиться на экскурсию или в поход?

— Сначала нужно обратить внимание на технику безопасности: правильно переходить дорогу, обходить автобус и т. д. Обязательно нужно слушать взрослых. На экскурсии не нужно шуметь, перебивать других. Также не стоит брать с собой много лишних вещей. Лучше взять только самое необходимое.

— Что является самым важным в походе или на экскурсии?

— В походе самым важным является выносливость. Если вы не можете преодолевать длинные расстояния, то в походе вам будет трудно. Очень важно уметь ориентироваться в незнакомой местности. Не лишним будет умение разводить костер. На экскурсии важно, наверное, умение слушать экскурсовода. Тема экскурсии должна быть вам интересна, иначе вы не получите удовлетворения от мероприятия.

第二部分

俄罗斯对外俄语 B2 级考试真题及答案

一、俄罗斯对外俄语 B2 级考试：语法和词汇
ТЕСТ ПО РУССКОМУ ЯЗЫКУ КАК ИНОСТРАННОМУ
ВТОРОЙ УРОВЕНЬ

Субтест 1. Грамматика. Лексика

Инструкция по выполнению теста

Время выполнения теста — 90 мин.

Тест состоит из 6 частей, включающих 150 заданий.

При выполнении теста пользоваться словарём нельзя.

Перед выполнением теста Вы получаете задания, инструкции к заданиям и листы с матрицами.

На каждом листе с матрицей напишите свою фамилию, имя и название страны.

Задания предъявлены в форме множественного выбора. Вам нужно выбрать свой вариант ответа и отметить его в соответствующей матрице.

Выбирая ответ, отметьте букву, которой он обозначен:

Например:

1	А	V Б	В	Г

Вы выбрали вариант Б.

Если Вы изменили свой выбор, не надо ничего исправлять и зачёркивать. Внесите свой окончательный вариант ответа в дополнительную графу.

Например:

1	А	V Б	В	Г	В

Вы выбрали вариант В.

В тесте ничего не пишите! Проверяться будет только матрица.

ЧАСТЬ 1
Инструкция к заданиям 1–25

В заданиях №№ 1–25 выберите свой вариант ответа и отметьте его в матрице №1.

Задания 1–25.

(1)	На заседании Совета с кратким сообщением … учёный секретарь Смирнова.	(А) (Б) (В) (Г)	выступили выступал выступила выступил
(2)	В этом году сборник тезисов … актуальным проблемам внешней политики.	(А) (Б) (В) (Г)	посвящены посвященный посвящено посвящен
(3)	До отхода поезда … полчаса, успеем выпить по чашечке кофе.	(А) (Б) (В) (Г)	остались остаются осталось останутся
(4)	К концу XX столетия большинство уже не … к книге как основному источнику знаний.	(А) (Б) (В) (Г)	обращается обращаются обратятся обращались
(5)	В библиотеке современной поэзии, которую я начал собирать, … около 500 книг.	(А) (Б) (В) (Г)	насчитывались насчитываются насчитывается насчитается
(6)	Приведенные вами доказательства представляются мне … .	(А) (Б) (В) (Г)	неубедительные не убедительно не убедительны неубедительными
(7)	Мы пришли на встречу с писателем … и поэтому смогли занять места поближе к сцене.	(А) (Б) (В) (Г)	первых первыми первый первым
(8)	Всё то, что рассказал в своем выступлении этот выдающийся политик, … .	(А) (Б) (В) (Г)	интересное и новое интересно и ново интересный и новый интересен и нов

(9)	Как ни ... эта задача, мы постараемся ее решить.	(А)	трудная
		(Б)	очень трудная
		(В)	трудна
		(Г)	трудно
(10)	Саша, ты можешь не ... , твоя помощь нам не понадобится.	(А)	приходить
		(Б)	прийти
(11)	Я очень рад: домашнее задание сегодня можно не	(А)	сдавать
		(Б)	сдать
(12)	На факультете открылась новая столовая, и теперь мы успеваем быстро ... во время перерыва.	(А)	обедать
		(Б)	пообедать
(13)	Мы не должны ... друг с другом. Давайте все обсудим спокойно.	(А)	спорить
		(Б)	поспорить
(14)	Стоило мне ... свет, и все увидели блеск звезд на ночном небе.	(А)	выключать
		(Б)	выключить
(15)	Без разрешения врача ванну не ... . Для вас это опасно.	(А)	принимать
		(Б)	принять
(16)	Ужасно болит горло. Не ... ни кусочка.	(А)	глотать
		(Б)	проглотить
(17)	Мне не ... этот пакет. Помогите, пожалуйста.	(А)	поднимать
		(Б)	поднять
(18)	Куда-то пропали книги! Кто ... в аудиторию?	(А)	входил
		(Б)	вошел
(19)	— У вас есть последний номер «Невы»? — Да. Вот он, на полке. Только ... аккуратно, не уроните другие журналы.	(А)	возьмите
		(Б)	берите
(20)	Чего же вы ждете? ... писать тест. Времени осталось мало.	(А)	Начинайте
		(Б)	Начните
(21)	Не ... я вчера на свидание, мы бы не поссорились.	(А)	опаздывай
		(Б)	опоздай
(22)	На этой машине больше ... невозможно. Нужен ремонт.	(А)	съездить
		(Б)	ездить
(23)	— Тебе понравился спектакль? — Трудно однозначно ... . И да, и нет.	(А)	отвечать
		(Б)	ответить
(24)	Общественному транспорту здесь ... запрещено.	(А)	останавливаться
		(Б)	остановиться
(25)	С вашим предложением трудно не ... . Оно полностью учитывает все наши замечания.	(А)	соглашаться
		(Б)	согласиться

ЧАСТЬ 2
Инструкция к заданиям 26 – 50

В заданиях №№ 26 – 50 выберите свой вариант ответа и отметьте его в матрице №2.

Задания 26 – 50.

(26)	Хорошо, если ваши желания соответствуют … .	(А) (Б) (В) (Г)	вашим возможностям вашими возможностями для ваших возможностей с вашими возможностями
(27)	Растущая конкуренция влияет … качества продукции.	(А) (Б) (В) (Г)	для улучшения улучшением улучшение на улучшение
(28)	Когда я читала вашу работу, я не заметила в ней … .	(А) (Б) (В) (Г)	недостатки недостатков недостаток недостаткам
(29)	Одинокому человеку трудно рассчитывать … .	(А) (Б) (В) (Г)	на поддержку поддержки поддержку с поддержкой
(30)	Сотрудник опоздал на совещание и долго извинялся … .	(А) (Б) (В) (Г)	своих коллег свои коллеги у своих коллег перед своими коллегами
(31)	… вы вполне можете поступить в аспирантуру.	(А) (Б) (В) (Г)	В ваших способностях С вашими способностями От ваших способностей О ваших способностях
(32)	Эта страна богата … .	(А) (Б) (В) (Г)	с замечательными традициями замечательных традиций замечательными традициями замечательным традициям
(33)	Все, что вы написали, противоположно … ваших коллег.	(А) (Б) (В) (Г)	точка зрения точкой зрения точке зрения с точкой зрения

(34)	Природа и климат юга России благоприятны ... сельским хозяйством.	(А)	занятиям
		(Б)	для занятий
		(В)	в занятиях
		(Г)	к занятиям
(35)	Я был очень удивлён ... своих коллег.	(А)	замечаний
		(Б)	замечания
		(В)	замечаниях
		(Г)	замечаниями

На машинах через пустыню (36 – 40)

(36)	... автогонщики России участвовали в традиционном авторалли через пустыню.	(А)	Прошлого года
		(Б)	В прошлом году
		(В)	С прошлого года
		(Г)	О прошлом годе
(37)	Соревнования продолжались	(А)	с утра до вечера
		(Б)	с утра по вечер
		(В)	утро и вечер
		(Г)	с утра к вечеру
(38)	Остановки для отдыха гонщики делали всего	(А)	несколько минут
		(Б)	за несколько минут
		(В)	на несколько минут
		(Г)	в несколько минут
(39)	Всю дистанцию спортсмены рассчитывали пройти	(А)	два дня
		(Б)	на два дня
		(В)	за два дня
		(Г)	двумя днями
(40)	«До встречи на финише ... », — сказали нам спортсмены, когда мы брали у них интервью. (Из газет)	(А)	после суток
		(Б)	за сутки
		(В)	на сутки
		(Г)	через сутки
(41)	Обсуждение представленной на конкурс работы переносится	(А)	на завтрашний семинар
		(Б)	в завтрашнем семинаре
		(В)	на завтрашнем семинаре
		(Г)	при завтрашнем семинаре
(42)	... слышатся голоса: идет совещание.	(А)	От деканата
		(Б)	Из деканата
		(В)	С деканата
		(Г)	У деканата

(43)	По этому вопросу вам лучше обратиться … .	(А)	за кафедрой русского языка
		(Б)	по кафедре русского языка
		(В)	кафедру русского языка
		(Г)	на кафедру русского языка
(44)	Юрий справился со всеми проблемами … родителей.	(А)	через помощь
		(Б)	благодаря помощи
		(В)	в связи с помощью
		(Г)	от помощи
(45)	Старт космического корабля отменили … в системе жизнеобеспечения.	(А)	из-за неисправностей
		(Б)	при неисправности
		(В)	благодаря неисправностям
		(Г)	по неисправностям
(46)	Как известно, … жидкость испаряется.	(А)	в нагревании
		(Б)	с нагреванием
		(В)	при нагревании
		(Г)	после нагревания
(47)	Чемодан такой тяжелый! Я … дотащил его до вагона.	(А)	благодаря труду
		(Б)	с трудом
		(В)	из-за труда
		(Г)	в труде
(48)	Эта работа только … кажется легкой.	(А)	по первому взгляду
		(Б)	на первый взгляд
		(В)	за первым взглядом
		(Г)	с первым взглядом
(49)	Упражнения … занимают у меня все свободное время.	(А)	грамматики
		(Б)	в грамматике
		(В)	с грамматикой
		(Г)	по грамматике
(50)	Решение … математическое общество мы приняли единогласно.	(А)	создание
		(Б)	создать
		(В)	созданию
		(Г)	создания

ЧАСТЬ 3
Инструкция к заданиям 51–58

В заданиях № № 51–58 выберите свой вариант ответа и отметьте его в матрице № 3.

Задания 51–58.

(51)	Зрители долго аплодировали оркестру, ... известным дирижером.	(А) (Б) (В) (Г)	руководящему руководимому руководившему руководимый
(52)	«Броненосец Потемкин» стал фильмом, ... мировую известность.	(А) (Б) (В) (Г)	получающим полученным получившим получаемым
(53)	В современной технике используются закономерности, ... еще в прошлом веке.	(А) (Б) (В) (Г)	открывающие открываемые открывшие открытые
(54)	В Эрмитаже открылась выставка, ... все этапы реставрации и восстановления картины Рембрандта.	(А) (Б) (В) (Г)	отраженная отражающая отражаемая отразив
(55)	... по каналам ИТАР-ТАСС информация была немедленно передана всеми информационными агентствами.	(А) (Б) (В) (Г)	Получившая Получающая Получая Полученная
(56)	..., мой приятель совершенно неожиданно отказался от работы.	(А) (Б) (В) (Г)	Бросая начатые эксперименты Бросив начатые эксперименты Бросавший начатые эксперименты Бросающий начатые эксперименты
(57)	Всесторонне обсудив тему, ...	(А) (Б) (В) (Г)	работа была начата было произведено начало работ можно начинать работу работа началась
(58)	..., применяя новейшие разработки дизайнеров.	(А) (Б) (В) (Г)	Вокзал строится Строительство вокзала организуется Вокзал строят Вокзал построен

Инструкция к заданиям 59 – 75

В заданиях №№ 59 – 75 установите синонимические соответствия между выделенными конструкциями и вариантами ответов.

Отметьте свой выбор в матрице № 3.

Задания 59 – 75.

(59)	Премия «Ника» — это высшая награда, *присуждаемая за выдающиеся достижения в области киноискусства*.	(А)	которую присуждают за выдающиеся достижения в области киноискусства
		(Б)	которую присуждали за выдающиеся достижения в области киноискусства
		(В)	которую присудили за выдающиеся достижения в области киноискусства
		(Г)	которую будут присуждать за выдающиеся достижения в области киноискусства
(60)	В книгу вошли высказывания, *принадлежащие известным политикам*.	(А)	которые принадлежали известным политикам
		(Б)	которые должны принадлежать известным политикам
		(В)	которые принадлежат известным политикам
		(Г)	которые будут принадлежать известным политикам
(61)	За границу разрешается вывозить только валюту, *зарегистрированную в таможне*.	(А)	которую регистрируют в таможне
		(Б)	которую регистрировали в таможне
		(В)	которую зарегистрировали в таможне
		(Г)	которую зарегистрируют в таможне
(62)	Банк должен представить все документы, *интересующие клиента*.	(А)	которые интересуют клиента
		(Б)	которые интересовали клиента
		(В)	которые заинтересовали клиента
		(Г)	которыми клиент заинтересован
(63)	Вопрос, *который сейчас обсуждается*, касается подписания договора об уничтожении химического оружия.	(А)	обсуждающий сейчас
		(Б)	обсуждающийся сейчас
		(В)	обсуждаемый сейчас
		(Г)	обсуждённый сейчас
(64)	Цена в фирме, *которая выпускает аналогичную продукцию*, значительно ниже.	(А)	выпускающей аналогичную продукцию
		(Б)	выпустившей аналогичную продукцию
		(В)	с выпущенной аналогичной продукцией
		(Г)	выпускавшей аналогичную продукцию

(65)	Реконструкция исторического центра города, *которую предложил губернатор*, осуществляется по определенному плану.	(А)	предлагаемая губернатором
		(Б)	предлагающаяся губернатором
		(В)	предложенная губернатором
		(Г)	предлагавшаяся губернатором
(66)	В конкурсе могут участвовать физические и юридические лица, *которые подали заявки до 20 мая*.	(А)	подавшие заявки до 20 мая
		(Б)	подававшие заявки до 20 мая
		(В)	подающие заявки до 20 мая
		(Г)	подаваемые заявки до 20 мая
(67)	*Проанализировав первые результаты*, ученые решили продолжать эксперименты.	(А)	До анализа первых результатов
		(Б)	Во время анализа первых результатов
		(В)	При анализе первых результатов
		(Г)	После анализа первых результатов
(68)	*Изучая теорию*, думайте о возможности ее применения.	(А)	Когда изучите теорию
		(Б)	Когда изучали теорию
		(В)	Когда изучили теорию
		(Г)	Когда изучаете теорию
(69)	*Встав пораньше*, ты сможешь закончить рисунок при дневном свете.	(А)	Так как встанешь пораньше
		(Б)	Когда встанешь пораньше
		(В)	Если встанешь пораньше
		(Г)	Хотя встанешь пораньше
(70)	Аспирант, *зная о сложности темы*, решил все-таки продолжать работу.	(А)	несмотря на то что знал о сложности темы
		(Б)	так как знал о сложности темы
		(В)	когда знал о сложности темы
		(Г)	который знал о сложности темы
(71)	Андрей только один раз посмотрел в словарь, *когда переводил статью*.	(А)	переводя статью
		(Б)	переведя статью
		(В)	переводивший статью
		(Г)	переводящий статью
(72)	*Если знать биографию поэта*, можно глубже понять смысл его стихотворений.	(А)	Знающие биографию поэта
		(Б)	Узнавшие биографию поэта
		(В)	Зная биографию поэта
		(Г)	Узнав биографию поэта
(73)	Ребенок заплакал, *так как испугался*.	(А)	испугавшись
		(Б)	пугаясь
		(В)	пугающийся
		(Г)	испугавшийся

(74)	*После того как прочитаете книгу*, подумайте, что хотел сказать автор.	(А)	Читая книгу
		(Б)	Читавшие книгу
		(В)	Прочитав книгу
		(Г)	Прочитывая книгу
(75)	Ольга произносила эти слова *с улыбкой*.	(А)	улыбаясь
		(Б)	улыбнувшись
		(В)	улыбающаяся
		(Г)	улыбнувшаяся

ЧАСТЬ 4

Инструкция к заданиям 76 – 93

В заданиях №№ 76 – 93 выберите свой вариант ответа и отметьте его в матрице № 4.

Задания 76 – 93.

(76)	Сначала Игорь показался мне скучным человеком, … очень скоро я поняла, что это не так.	(А)	и
		(Б)	а
		(В)	но
		(Г)	да
(77)	Наконец выпал первый снег, … в лесу стало необычно тихо и чисто.	(А)	хотя
		(Б)	но
		(В)	да
		(Г)	и
(78)	Студент подготовил для научной конференции доклад, … рассказал о проведенном анализе.	(А)	перед которым
		(Б)	с которым
		(В)	в котором
		(Г)	на котором
(79)	Вчера я была на встрече с известным ученым, … книгами я давно уже была знакома.	(А)	с какими
		(Б)	с чьими
		(В)	с которыми
		(Г)	с которого
(80)	Наступили такие замечательные дни, … бывают в Петербурге только в самом начале лета.	(А)	какие
		(Б)	чьи
		(В)	если
		(Г)	когда
(81)	Перед входом в лекторий висело объявление, … .	(А)	чтобы завтра лекция была в 14:00
		(Б)	будет ли завтра лекция в 14:00
		(В)	что завтра лекция будет в 14:00
		(Г)	в котором лекция будет завтра в 14:00

(82)	Мы твёрдо убеждены ..., что влияние человека на природу необходимо ограничить.	(А)	тем
		(Б)	тому
		(В)	с тем
		(Г)	в том
(83)	Приглашения удалось получить ..., кто подал заявки заранее.	(А)	тем
		(Б)	теми
		(В)	о тех
		(Г)	с теми
(84)	Этим летом мы собираемся поехать в Сочи, ... давно мечтали побывать.	(А)	когда
		(Б)	где
		(В)	куда
		(Г)	откуда
(85)	В этом музее ты сможешь увидеть то, ... никогда еще не видел.	(А)	какого
		(Б)	которого
		(В)	чему
		(Г)	чего
(86)	Я так и не понял, ... было сделано это замечание.	(А)	кому
		(Б)	к кому
		(В)	у кого
		(Г)	с кем
(87)	К сожалению, мы не знаем, ... говорилось в письме, недавно полученном Сашей.	(А)	чему
		(Б)	о чем
		(В)	чем
		(Г)	с чем
(88)	Пассажиры начали выходить из вагона, ... трамвай остановился.	(А)	если
		(Б)	как только
		(В)	пока не
		(Г)	пока
(89)	Хорошо обдумайте последствия своего поступка, ... принять окончательное решение.	(А)	прежде чем
		(Б)	пока
		(В)	пока не
		(Г)	после того как
(90)	Кто знает, ... Виталий перестал бывать у нас?	(А)	если
		(Б)	отчего
		(В)	потому что
		(Г)	раз

(91)	Попробуй другое пирожное, ... это тебе не нравится.	(А)	когда
		(Б)	поэтому
		(В)	из-за чего
		(Г)	раз
(92)	... было уже поздно и артисты устали, зрители не расходились и продолжали аплодировать.	(А)	Благодаря тому что
		(Б)	Так как
		(В)	Несмотря на то что
		(Г)	Если
(93)	... отключили электричество, мы не смогли закончить работу.	(А)	Благодаря тому что
		(Б)	Из того что
		(В)	Из-за того что
		(Г)	Для того чтобы

Инструкция к заданиям 94 – 100

В заданиях №№ 94 – 100 установите синонимические соответствия между выделенными конструкциями и вариантами ответа.

Отметьте свой выбор в матрице № 4.

Задания 94 – 100.

(94)	Джон отлично сдал экзамены, *занимаясь русским языком всего полгода*.	(А)	так как занимался русским языком всего полгода
		(Б)	если занимался русским языком всего полгода
		(В)	когда занимался русским языком всего полгода
		(Г)	хотя занимался русским языком всего полгода
(95)	Мы приехали в Россию, *желая познакомиться с ее традициями*.	(А)	так как желали познакомиться с ее традициями
		(Б)	поэтому желал и познакомиться с ее традициями
		(В)	когда желали познакомиться с ее традициями
		(Г)	хотя желали познакомиться с ее традициями
(96)	*При чтении нового текста* старайтесь как можно точнее понять его смысл.	(А)	Благодаря тому что читаете новый текст,
		(Б)	Хотя читаете новый текст,
		(В)	Когда читаете новый текст,
		(Г)	Так как читаете новый текст,
(97)	*За чаем* мы поговорим о жизни, о детях.	(А)	Так как мы будем пить чай,
		(Б)	После того как будем пить чай,
		(В)	Когда пьем чай,
		(Г)	Когда будем пить чай,

(98)	Из *скромности* он не возразил собеседнику.	(А)	Поскольку был скромен,
		(Б)	Когда был скромен,
		(В)	Хотя был скромен,
		(Г)	Несмотря на то что был скромен,
(99)	Мы хотим пойти в филармонию *послушать известного пианиста*.	(А)	чтобы послушали известного пианиста
		(Б)	чтобы послушать известного пианиста
		(В)	из-за того чтобы послушать известного пианиста
		(Г)	так как послушали известного пианиста
(100)	Судья спросил свидетеля: «Вы готовы отвечать на вопросы?»	(А)	о чем он готов отвечать на вопросы
		(Б)	что он готов отвечать на вопросы
		(В)	кто готов отвечать на вопросы
		(Г)	готов ли он отвечать на вопросы

ЧАСТЬ 5

Инструкция к заданиям 101–125

В заданиях №№ 101–125 выберите свой вариант ответа и отметьте его в матрице № 5.

Задания 101–125.

(101)	… профессора Смирнова блестяще ответил на вопросы рецензентов.	(А)	Дипломант
		(Б)	Дипломат
		(В)	Дипломник
		(Г)	Диплом
(102)	Преступника можно найти по … пальцев.	(А)	опечаткам
		(Б)	отпечаткам
		(В)	перепечаткам
		(Г)	допечаткам
(103)	Природа и сегодня загадывает ученым много … .	(А)	задач
		(Б)	задумок
		(В)	заданий
		(Г)	загадок
(104)	В … президента могут участвовать все совершеннолетние граждане страны.	(А)	выборке
		(Б)	выборах
		(В)	выборе
		(Г)	выбирании
(105)	… науки занимают важное место при подготовке специалистов в вузе.	(А)	Общие
		(Б)	Общественные
		(В)	Общинные
		(Г)	Общительные

(106)	... океан привлекает к себе внимание экологов разных стран.	(А)	Мировой
		(Б)	Мирный
		(В)	Мирской
		(Г)	Миролюбивый
(107)	Все замолчали, услышав такой ... отказ.	(А)	решительный
		(Б)	решающий
		(В)	решаемый
		(Г)	решивший
(108)	Я хочу купить новые ... перчатки.	(А)	кожные
		(Б)	кожаные
		(В)	кожистые
		(Г)	кожевенные
(109)	Жена моего друга — очень ... хозяйка.	(А)	экономичная
		(Б)	экономная
		(В)	экономическая
		(Г)	экономящая
(110)	Учитель вошел в класс, открыл ... журнал и отметил отсутствующих.	(А)	классный
		(Б)	классовый
		(В)	классический
		(Г)	классицистический
(111)	Должны быть разработаны наиболее ... методы управления энергосистемой страны.	(А)	аффектные
		(Б)	эффектные
		(В)	эффективные
		(Г)	фиктивные
(112)	По дороге домой купи к ужину ... сладенького.	(А)	кое-какие из
		(Б)	сколько-нибудь из
		(В)	какое-нибудь из
		(Г)	что-нибудь из
(113)	Я не ... написать сочинение на такую отвлеченную тему.	(А)	люблю
		(Б)	умею
		(В)	знаю
		(Г)	могу
(114)	Несоблюдение графика строительных работ ... к конфликту с заказчиками.	(А)	ведет
		(Б)	водит
		(В)	идет
		(Г)	ходит

(115)	Никогда не знаешь, куда она смотрит: она всегда … в темных очках.	(А) (Б) (В) (Г)	носит несет идет ходит
(116)	Маша … все книжные магазины города, но так и не нашла нужную книгу.	(А) (Б) (В) (Г)	обошла прошла перешла зашла
(117)	Мне … помочь моему другу, так как он долго болел, очень отстал и нуждался в помощи.	(А) (Б) (В) (Г)	повезло посчастливилось удалось пришлось
(118)	Перед тем как пить, это вино лучше … .	(А) (Б) (В) (Г)	охладеть охладить холодеть холодать
(119)	При получении гонорара автор должен … в ведомости.	(А) (Б) (В) (Г)	вписаться расписаться подписаться записаться
(120)	Я долго … в объявление, пока наконец не понял его смысл.	(А) (Б) (В) (Г)	вчитывался прочитывал зачитывался перечитывал
(121)	Олег в прошлом году … на филологический факультет Московского университета.	(А) (Б) (В) (Г)	наступил поступил выступил заступил
(122)	Я должен … к своим новым соседям.	(А) (Б) (В) (Г)	всмотреться посмотреть присмотреться присмотреть
(123)	Мы … весь вечер, но так и не решили, чем заняться.	(А) (Б) (В) (Г)	продумали передумали придумали задумали

(124)	Лена обещала никому не рассказывать об этом, но все-таки	(А)	уговорилась
		(Б)	проговорилась
		(В)	оговорилась
		(Г)	заговорилась
(125)	Мы должны ... работать в лингафонном кабинете и дома, чтобы овладеть русским произношением.	(А)	обильно
		(Б)	тяжело
		(В)	много
		(Г)	сильно

ЧАСТЬ 6
Инструкция к заданиям 126 – 132

В заданиях №№ 126 – 132 выберите свой вариант ответа и отметьте его в матрице № 6.

Задания 126 – 132.

	Великий ученый России		
(126)	С 1742 года М. В. Ломоносов стал ... Академии наук в Санкт-Петербурге.	(А)	преподаватель
		(Б)	преподавателем
		(В)	с преподавателем
		(Г)	для преподавателя
(127)	Тем самым научная подготовка молодого ученого признавалась	(А)	основательной и достаточной
		(Б)	основательная и достаточная
		(В)	основательна и достаточна
		(Г)	основательно и достаточно
(128)	С самого начала научная деятельность Ломоносова была исключительно	(А)	интенсивно
		(Б)	интенсивный
		(В)	интенсивна
		(Г)	интенсивен
(129)	Многие его работы считались ... в науке того времени.	(А)	новое слово
		(Б)	новым словом
		(В)	новым словам
		(Г)	новыми словами
(130)	... были, к примеру, некоторые его опыты в области химии.	(А)	Интересное и уникальное
		(Б)	Интересно и уникально
		(В)	Интересен и уникален
		(Г)	Интересными и уникальными

(131)	Занимаясь науками, не забывал Ломоносов и поэзию. Именно благодаря поэзии имя Ломоносова стало ... императрице Елизавете Петровне.	(А)	известное
		(Б)	известно
		(В)	известен
		(Г)	известный
(132)	Всю свою жизнь М. В. Ломоносов стремился быть ... своему Отечеству.	(А)	полезен
		(Б)	полезным
		(В)	полезный
		(Г)	полезно

Инструкция к заданиям 133 – 140

В заданиях №№ 133 – 140 представлен текст официального заявления. Выберите свой вариант ответа и отметьте его в матрице № 6.

Задания 133 – 140.

(133) ... {А — Господину директору; Б — Уважаемому директору; В — Уважаемому господину директору; Г — Директору} Института физики Земли

(134) ... {А — научного сотрудника; Б — от научного сотрудника; В — от товарища научного сотрудника; Г — от господина научного сотрудника} В. Степанова

Заявление

(135) ... {А — Прошу; Б — Я прошу; В — Просил бы; Г — Попрошу} разрешить мне командировку в Новосибирск (136) ... {А — на; Б — в; В — сроком на; Г — на срок} неделю (137) ... {А — 10 - 16 сентября; Б — с 10 по 16 сентября; В — от 10 до 16сентября; Г — от 10 по 16 сентября} для работы в филиале института (138) ... {А — ввиду; Б — по мере; В — из-за; Г — с целью} получения и обработки материалов эксперимента.

(139) ... {А — 1995, август, 21; Б — 21 августа 1995 г; В — Август 21, 1995; Г — 21, август, 1995}

(140) ... {А — С уважением, В. Степанов; Б — В. Степанов; В — С приветом, В. Степанов; Г — С дружеским приветом, В. Степанов}

Инструкция к заданиям 141–145

В заданиях №№ 141–145 представлен текст-аннотация к книге Ю. Л. Прокушева «Сергей Есенин: Образ. Стихи. Эпоха».

Выберите свой вариант ответа и отметьте его в матрице № 6.

Задания 141–145.

(141)	В книге известного литературоведа Ю. Л. Прокушева … большой, во многом ранее неизвестный архивный материал, собранный исследователем в результате многолетнего изучения литературного наследия поэта.	(А) (Б) (В) (Г)	содержался содержится содержит будет содержаться
(142)	В ней подробно … важнейшие вехи жизни и творческого пути Сергея Есенина.	(А) (Б) (В) (Г)	рассматривают рассматриваются будут рассматриваться рассматривались
(143)	Пристальное внимание … поэтике Есенина, связи его творчества с устной народной поэзией.	(А) (Б) (В) (Г)	уделяют уделили будут уделять уделяется
(144)	В книге … важнейшие черты, свойственные стихам Есенина.	(А) (Б) (В) (Г)	раскрывают раскрыли будут раскрываться раскрываются
(145)	Книга Ю. Л. Прокушева … всем, кто интересуется жизнью и творчеством великого русского поэта.	(А) (Б) (В) (Г)	адресовалась адресуется будет адресоваться будет адресована

Инструкция к заданиям 146–150

В заданиях №№ 146–150 представлены примеры газетно-публицистического стиля.

Выберите свой вариант ответа и отметьте его в матрице № 6.

Задания 146–150.

(146)	10 сентября в Москву … президент Международного олимпийского комитета.	(А) (Б) (В) (Г)	приехал с визитом прибыл с визитом заехал заехал с визитом

(147)	Многие государственные организации ... жителям районов, пострадавших от эпидемии.	(А)	помогли
		(Б)	содействовали
		(В)	оказали помощь
		(Г)	оказали внимание
(148)	В присутствии официальных лиц президенты ... под текстом нового договора об экономическом сотрудничестве.	(А)	подписались
		(Б)	расписались
		(В)	поставили подписи
		(Г)	произвели записи
(149)	Наш комитет намерен ... среди жителей микрорайона в поддержку молодого перспективного кандидата.	(А)	советовать голосовать
		(Б)	просить голосовать
		(В)	агитировать голосовать
		(Г)	вести агитацию
(150)	Вчера вечером глава Министерства иностранных дел ... со своим зарубежным коллегой.	(А)	говорил
		(Б)	имел беседу
		(В)	проводил собеседование
		(Г)	имел собеседование

参考答案
（附考场指令译文）

☞ 考场指令

考试时间为90分钟。

试卷包括6个部分，共150题。

考试时不可使用词典。

答题前查收试题、考场指令和答题卡。

在每页答题卡上填写自己的姓名和国家。

试题为选择题，选出正确答案后在答题卡上标出。例如：

| 1 | А | √
Б | В | Г |

此时，你选择的正确答案为Б。

如果你想修改答案，不要涂改，请把正确答案填在最后一个空格中。例如：

| 1 | А | √
Б | В | Г | В |

此时，你选择的正确答案为В。

答案不要标注在试卷上！阅卷时只看答题卡。

第1部分

完成1~25题，并将正确答案填在答题卡1上。

1. 答案：В。解析：同位语所说明的名词在句中做主语时，一致定语应与表示身份、职业的同位语一致，而谓语应和被说明词一致，不是和同位语一致。例如：Инженер Иванова *пришла*.（伊万诺娃工程师来了。）*Победила* мастер спорта Петрова.（运动健将彼得罗娃取胜了。）译文：在学术委员会的会议上学术秘书斯米尔诺娃做了简要的说明。

2. 答案：Г。解析：句中主语是сборник，谓语是посвящен（посвятить 的短尾阳性）。译文：今年论文摘要集主题是对外政策的迫切问题。

3. 答案：В。解析：由 пол-加单数第二格名词所构成的复合缩写词，其性要根据其组成部分中的名词原来的性决定，如 полчаса（半小时）受 час 的影响是阳性形式，但其做主语时句子中动词谓语过去时一般用中性形式。例如：Полчаса *прошло*.（半小时过去了。）译文：离火车开车还有半小时，我们还来得及喝杯咖啡。

4. 答案:А。解析:主语是 большинство(单数),谓语用单数 обращается。译文:20 世纪末大多数人已经不把书当作知识的主要来源。

5. 答案:В。解析:主语是 около 500 книг,谓语是 насчитывается。需要注意的是,不定量数词 много、мало、несколько、немного、немало 以及 около 做主语的"数词 + 名词"词组表示大约数量意义时,谓语通常用单数形式。例如:Около ста студентов *вернулось* домой.(大约100名学生都回家了。)Сейчас в МГУ *учится* примерно 40 тысяч студентов и 7 тысяч аспирантов.(现在正在莫大学习的大约有四万大学生和七千名研究生。)译文:我的现代诗学藏书共计约 500 本。

6. 答案:Г。解析:представляться-представиться каким 是(什么样的)。译文:你列举的证明对我来说没有说服力。

7. 答案:Б。解析:实体动词(包括运动动词)做静词性合成谓语的一部分,其保留本身的词汇意义,表语(名词、形容词或形动词)通常用第五格或第一格形式。常见的动词有 жить(生活)、вернуться(返回)、возвратиться(返回)、прийти(来)、уйти(离开)、родиться(出生)、стоять(站)、лежать(躺)、умереть(死)、работать(工作)等。例如:Они *вошли* в аудиторию *первыми*.(他们最先走进教室。)Спортсмены *сидели* на скамейке *довольные* своей победой.(运动员们坐在长凳上,对自己取胜很满意。)译文:我们是最早来到作家见面会的,因此坐在离舞台较近的地方。

8. 答案:Б。解析:это、всё、всё это、то、что、одно、другое 等表示概括意义的词做主语时,谓语用形容词短尾形式。例如:Это *плохо*.(这不好。)Всё *понятно*.(全明白。)试题中主语是 то,谓语是 интересно и ново。译文:这位杰出的政治家在自己的演讲中所讲的一切有趣且新颖。

9. 答案:В。解析:强调特征程度时,在 так、как 之后,形容词用短尾形式。例如:Как *высоки* эти горы!(这些山真高!)Они так *добры* ко мне.(他们待我真好。)Как ни *сложна* проблема, над ней надо работать.(不论问题如何复杂,都应当解决。)译文:无论习题多么困难,我们都要努力解出来。

10. 答案:А。解析:"мочь не + 未完成体"表示"可以不做某事"。例如:Ты *можешь не доставать* билета на картину, я тебе уступлю.(你可以不买电影票,我给你一张。)Витя чувствует себя лучше, врач *может не приходить*.(维佳感觉好些了,医生可以不来了。)мочь не 之后与完成体动词连用时,表示达不到目的,可能做不到某事。例如:Ты *можешь не достать* билета на картину: уже поздно.(你可能买不到电影票了,因为已经晚了。)Витя заболел. Он *может не прийти* на собрание.(维佳病了,他可能不来开会。)译文:萨沙,你可以不来,我们不需要你的帮助。

11. 答案:А。解析:"можно не + 动词不定式"的用法同"мочь не + 动词不定式"。译文:我很高兴,因为可以不写家庭作业。

12. 答案:Б。解析:пообедать 的前缀 по- 表示"一点儿"。译文:系里开了新食堂,现在我们休息时可以快速在那儿吃点儿午饭。

13. 答案:А。解析:не должен(不应该)、не надо(不应该)、не нужно(不需要)、не следует(不应该)、не стоит(不值得)、не к чему(没必要)、нет необходимости(没有必要)、не требуется(不要求)等之后,必须接未完成体动词不定式,指出没有必要、不应该做某事。例如:Не надо *объявлять* об этом решении.(不应该宣布这个决定。)Не нужно *вызывать* его, он придет сам.(没必要叫他,他自己会来的。)Нам не следует *останавливаться* на этом вопросе.(我们不必讲这个问题。)译文:我们不应该相互争吵。我们要心平气和地讨论。

14. 答案:Б。解析:"Стоит кому + 动词完成体不定式, как..."为固定句式,意思是"只要……,就……"。译文:只要我一关灯,大家就能看到夜空中星星的光亮。

15. 答案:A。解析:在不定式否定句中,не 与未完成体动词不定式连用,表示不需要或不应该进行某种行为;与完成体动词不定式连用,表示不可能完成某一行为。例如:Ему не смотреть этого спектакля. Он не интересный. (他不应该看这部戏,没意思。)Ему не выучить этого стихотворения: оно слишком трудно для него. (他不可能学会这首诗,因为这首诗对他来说太难。)。译文:没有医生的允许不能盆浴。这对你有危害。

16. 答案:Б。解析:不定式否定句中,"не + 完成体动词不定式"表示"不可能"。译文:嗓子太疼了,一块儿东西也咽不下去。

17. 答案:Б。解析:不定式否定句中,"не + 完成体动词不定式"表示"不可能"。译文:我提不起这个袋子,帮我一下。

18. 答案:A。解析:某些未完成体动词过去时表示行为的结果到说话时已经消失,如带前缀的运动动词,如 приходить(来), приезжать([乘车]来), входить(进), выходить(出去), уезжать([乘车]离开)等。这类动词的未完成体过去时的这一用法强调某一行为曾经发生过,但在说话时不但行为成为过去,而且行为所造成的结果已经消失。例如:Друг приезжал из Киева ко мне на два дня. (基辅的朋友来我这儿呆了两天。/未完成体过去时 приезжал 表示朋友来了,现在已经离开)Я заметил, что без меня в мою комнату кто-то входил. (我发现,我不在时有人进过我的房间。/未完成体过去时 входил 指出"进屋"这个行为发生过,但在说话时进屋的人已经离开)试比较:К тебе кто-то приходил, сказал, что зайдет вечером. (有人来找过你,他说晚上还要来。/未完成体过去时 приходил 表示结果取消,即来了,又走了)——К тебе кто-то пришел, ждет в твоей комнате. (有人找你来了,在你房间等着。/完成体过去时 пришел 表示结果存在,即来了,没走)译文:我的书跑哪儿去了?谁进过教室?

19. 答案:Б。解析:表示过程时用未完成体动词命令式。试比较:Поставьте вазу на стол. (请把花瓶放到桌子上。/表示一次简单的动作)——Эта ваза дорогая. Ставьте осторожно. (这只花瓶很贵,放的时候小心点儿。/表示过程)译文:"你有最新一期的《涅瓦》杂志吗?""有,在书架上。拿的时候小心点儿,别把其他杂志弄掉。"

20. 答案:A。解析:请求、建议马上开始某种行为或继续某一中断的行为,使用未完成动词第二人称命令式。此时交际情景是双方共同熟悉的,双方都清楚需要做什么,其中一方督促另一方。此时命令式一般用在句子中间。例如:Вас плохо слышу, говорите громче! (听不清,请大声点!)Почему вы перестали писать? Пишите дальше. (你们为什么不写了?接着写!)Сейчас будем читать текст. Алеша, читай. (现在我们读课文。阿廖沙,你读吧。)译文:你在等什么呢?开始做题呀,时间不多了。

21. 答案:Б。解析:这是动词单数第二人称命令式的转义用法。用单数第二人称命令式做条件从句的谓语时,不受主语的性、数、人称的限制,这种条件从句常见于口语中。此时,没有连接词,无论从句中主语是单数、复数,只能用单数第二人称命令式,并放在句首。例如:Знай ваш адрес, я зашел бы к вам. (要是知道你的地址,我就去你那儿了。)相当于:Если бы я знал ваш адрес, я зашел бы к вам. 再如:Прочитай я /ты /он /она /мы /вы /они эту статью, вопрос был бы ясен. (假如我/你/他/她/我们/你们/他们读了这篇文章,那就会清楚这个问题了。)相当于:Если бы я /ты /он /она /мы /вы /они прочитал/прочитала/прочитали эту статью, вопрос был бы ясен. 译文:要是昨天见面我不迟到的话,我们就不会争吵了。

22. 答案:Б。解析:невозможно 和 нельзя 用法一样。нельзя 之后可接完成体动词不定式,也可接未完成体动词不定式。"нельзя + 未完成体"表示"不要、不应该",而"нельзя + 完成体"则一般表示"不可能、做不成"。例如:В аудиторию нельзя *входить*: там идет урок. (不要进教室去,那儿正上课。)——В аудиторию нельзя *войти*: дверь запрета на замок. (教室进不去,门锁上了。)译文:不要再坐这辆车了,它需要维修。

23. 答案:Б。解析:不定式否定句中,"трудно + 完成体动词不定式"表示"不可能"。译文:"你喜欢看剧吗?""很难明确地回答,有时候喜欢,有时候不喜欢。"

24. 答案:А。解析:запрещено 表示"禁止",其后接未完成体动词不定式。译文:公共交通在这儿禁止停留。

25. 答案:Б。解析:"трудно не + 完成体动词不定式"表示"不可能不"。译文:很难不同意你的意见,你的意见考虑了大家的意见。

第2部分

完成26～50题,并将正确答案填在答题卡2上。

26. 答案:А。解析:соответствовать чему 符合。译文:最好是你的愿望符合你的能力。

27. 答案:Г。解析:влиять-повлиять на кого-что 影响。译文:不断增加的竞争对产品质量的提高有影响。

28. 答案:Б。解析:及物动词被否定其后的抽象名词用第二格。译文:读你的作品时,我没发现缺点。

29. 答案:А。解析:рассчитывать-рассчитать на кого-что 对……寄托希望。译文:孤独的人不会寄希望于别人的支持。

30. 答案:Г。解析:извиняться-извиниться перед кем 向……道歉。译文:员工开会迟到了,他向自己的同事道了很长时间的歉。

31. 答案:Б。解析:с чем 表示"具有"。译文:以你的能力完全可以考上研究生。

32. 答案:В。解析:богатый чем 富有……的。译文:我们的国家具有很多优良的传统。

33. 答案:В。解析:противоположный чему 与……相反的。译文:你所写的一切与你同事的观点相反。

34. 答案:Б。解析:благоприятный для чего 适合……的。译文:俄罗斯南方的自然与气候适合发展农业经济。

35. 答案:Г。解析:удивлен 是 удивить 被动形动词短尾,其后的第五格是行为的主体。译文:我被同事们的意见惊讶到了。

汽车穿越沙漠(36～40题,选自报纸)

36. 答案:Б。解析:в прошлом году 去年。译文:去年俄罗斯的赛手参加了传统的汽车穿越沙漠的拉力赛。

37. 答案:А。解析:с утра до вечера 从早到晚。译文:比赛从早上进行到晚上。

38. 答案:В。解析:俄语中的一些动词是"线性动词",另一些动词是"点状动词"(语法书里没有这些概念)。"线性动词"的未完成体表示"动作一直(直线)持续"(可以用不带前置词的第四格名词表示时间的持续),而该类动词对应的完成体表示"在一段时间内(线段)完成"(此时用"за + 第四格时间名词"表示界限)。这类名词很多,如читать-прочитать(读),писать-написать(写)等。例如:Я пишу письмо *два часа*. (我写了两个小时的信。)Я написал письмо *за два часа*. (我用了两个小时写完了信。)"点状动词"不论是未完成体还是完成体,其动作都是在某一个点瞬间完成的,

如 уходить-уйти (离开),опаздывать-опоздать (迟到)。这类动词不能表示"动作本身持续",而表示"动作在某一时刻(某一点)之后持续",无论是未完成体和完成体其后都接"на+第四格"。例如:На каждой станции поезд останавливается *на 5 минут*. (火车在每个车站停五分钟。/不是"停"这个动作花费5分钟,而是"每次停下来之后持续5分钟")На этой станции поезд остановился *на 5 минут*. (火车在这个车站停了五分钟。/不是"停"这个动作花费了5分钟,而是"停下来之后持续了5分钟")因此,остановки 之后用 на несколько минут。译文:赛手的休息时间仅几分钟。

39. 答案:В。解析:за сколько времени(第四格)表示"在……时间内完成",之后接完成体动词。译文:赛手们计划两天内完成整个比赛。

40. 答案:Г。解析:через сутки 一天之后。译文:"一天后我们在终点见",当我们采访时,选手们对我们说。

41. 答案:А。解析:переноситься-перенестись на что 转移到(什么时间)。译文:竞赛提交作品的讨论改到明天的课堂讨论上。

42. 答案:Б。解析:из деканата 从系办公室。译文:从系办公室传出声音:那儿正开会。

43. 答案:Г。解析:обращаться-обратиться куда 向……求助。如果向(某人)求助,则用 к кому。译文:这个问题你最好去俄语教研室求助。

44. 答案:Б。解析:前置词 благодаря 与第三格名词连用,在多数情况下表示引起良好结果的原因,它源于由 благодарить 构成的副动词。例如:*Благодаря доктору* больной выздоровел. (多亏医生,病人康复了。)Я справился с этой работой только *благодаря вам*. (由于您的帮助,我才胜任了这一工作。)译文:因为家长的帮助尤里解决了所有问题。

45. 答案:А。解析:前置词 из-за 与第二格名词连用,一般表示引起不良结果、不希望发生的事情的外部原因。例如:*Из-за густого тумана* экскурсия не состоялась. (游览因大雾而未能成行。)*Из-за твоего опоздания* собрание отложили на полчаса. (因你迟到会议推迟了半小时。)Ему с трудом даются иностранные языки *из-за плохой памяти*. (由于记忆力不好,他学外语很吃力。)译文:由于生命安全系统的故障宇宙飞船的发射被取消。

46. 答案:В。解析:при чем 在……情况下。译文:众所周知,加热时液体会蒸发。

47. 答案:Б。解析:с трудом 困难地。译文:箱子太沉了!我吃力地把它拉到车厢。

48. 答案:Б。解析:на первый взгляд 初看上去。译文:这项工作只是初看上去很容易。

49. 答案:Г。解析:упражнения по грамматике 语法练习。译文:语法练习占用了我所有的空闲时间。

50. 答案:Б。解析:动词不定式可以做抽象名词的非一致定语。可以要求不定式做定语的抽象名词主要有以下几种:表示愿望、爱好等意义的名词,如 желание (希望),надежда (希望,期望),стремление (渴望),мечта (幻想,向往) 等;表示可能、能力、性质、习惯等意义的名词,如 умение (会,能力),привычка (习惯) 等;表示应该、必然意义的名词,如 необходимость (必要性),обязанность (义务,职责) 等;表示希望、要求、命令、允许意义的名词,如 просьба (请求,要求),требование (要求,需要),предложение (建议) 等。例如:У меня *мечта объехать весь мир*. (我有一个周游世界的理想。)Из-за тяжелой болезни мой отец потерял возможность *трудиться*. (由于重病我的父亲失去了工作能力。)试题中如果用 создания,则 математическое общество 用第二格 математического общества。译文:设立数学协会的决议我们一致同意。

第3部分

完成51~58题,并将正确答案填在答题卡3上。

51. 答案:Б。解析:相当于:которым руководит известный дирижер。译文:观众长时间给著名指挥领导的乐队鼓掌。

52. 答案:В。解析:相当于:который получил мировую известность。译文:《战舰波将金号》是获得世界声誉的电影。

53. 答案:Г。解析:相当于:которые открыли еще в прошлом веке。译文:现代技术中使用的定律还是在上个世纪发现的。

54. 答案:Б。解析:相当于:которая отражает все этапы。译文:艾尔米塔什博物馆推出展览,其反映了伦勃朗画作修复的各个阶段。

55. 答案:Г。解析:相当于:информация, которую получили по каналам。译文:根据塔斯社渠道获得的信息被所有新闻社快速传播。

56. 答案:Б。解析:相当于:Мой приятель бросил начатые эксперименты, и совершенно неожиданно отказался от работы. 译文:我的朋友抛弃已经开始的实验,他突然拒绝工作。

57. 答案:В。解析:副动词表示和它所说明的动词谓语同时发生的次要行为,它和动词谓语表示的行为属于同一主体。在无人称句中,如果两个动词属于同一个主体,通常可以使用副动词。例如:*Возвращаясь* домой, мне надо было переезжать речку. (回家的路上,我要穿过一条小河。)译文:对题目进行全面讨论后,可以开始工作。

58. 答案:В。解析:副动词表示和它所说明的动词谓语同时发生的次要行为,它和动词谓语表示的行为属于同一主体。例如:*Прочитав* текст, мы начали учить новые слова. (读完课文,我们开始学习生词。)可以替换为:Когда мы *прочитали* текст, мы начали учить новые слова. 再如:*Возвращаясь* домой, они дружески беседовали. (回家的路上,他们进行了友好的交谈。)可以替换为:*Когда* они *возвращались* домой, они дружески беседовали. 因此,在表示两个动作属于不同主体的结构中不能使用副动词。例如:*Когда я болел*, меня навещали друзья. (我生病时,朋友们来看我。/句中 болел 的主体为 я,而 навещали 的主体却是 друзья,该句不能用副动词短语替换)*Когда я возвращался* домой, пошел дождь. (我回家的时候,下起了雨。/不能替换为:*Возвращаясь* домой, пошел дождь.)译文:建设火车站时,采用了设计师最新的研究。

在59~75题中选出与标出部分同义的选项,并将正确答案填在答题卡3上。

59. 答案:А。解析:присуждаемая 是现在时被动形动词。译文:"尼卡"奖是电影艺术领域最高成就奖。

60. 答案:В。解析:принадлежащие 是现在时主动形动词。译文:书中收纳了著名政治家的名句。

61. 答案:В。解析:зарегистрированную 是过去时被动形动词。译文:只有在海关登记的外汇才可以带出国。

62. 答案:А。解析:интересующие 是现在时主动形动词。译文:银行应该出示与客户相关的所有文件。

63. 答案:В。解析:обсуждается 是被动意义。译文:现在正在讨论的问题涉及签署消灭化学武器的合同。

64. 答案:A。解析:выпускающей 是现在时主动形动词。译文:生产类似产品公司的价格明显低得多。

65. 答案:В。解析:предложенная 是完成体被动形动词。译文:由州长提议的城市历史中心的改造按一定的方案进行。

66. 答案:A。解析:подавшие 是完成体过去时主动形动词。译文:5月20日之前提交申请的自然人和法人都可以参加竞赛。

67. 答案:Г。解析:副动词表示时间意义。译文:分析了最初的结果之后,科学家决定继续实验。

68. 答案:Г。解析:изучая 是未完成体副动词,在句中表示现在时意义。译文:学习理论的时候,要想一想其怎么使用。

69. 答案:В。解析:副动词表示条件意义。译文:如果你起得早,就能在白天把画画完。

70. 答案:A。解析:副动词表示让步意义。译文:尽管研究生知道题目很复杂,但还是决定继续研究工作。

71. 答案:A。解析:未完成体副动词表示过程意义。译文:翻译文章的时候,安德列只查了一次词典。

72. 答案:В。解析:副动词表示条件意义。译文:如果了解诗人的生平,就能深入理解其诗歌的意义。

73. 答案:A。解析:副动词表示原因意义。译文:因为害怕,小孩哭了。

74. 答案:В。解析:副动词表示时间意义。译文:读完书后,你要想想作者说了什么。

75. 答案:A。解析:улыбаясь 具有副词意义。译文:奥莉加微笑着说这些话。

第4部分

完成76~93题,并将正确答案填在答题卡4上。

76. 答案:В。解析:но 表示转折,意思是"但是"。译文:开始我觉得伊戈尔是一个枯燥的人,但很快我就明白完全不是这样。

77. 答案:Г。解析:и 表示承接关系,动作按顺序发生,此时动词都用完成体过去时。译文:最终下了第一场雪,于是森林里变得寂静又干净。

78. 答案:В。解析:в котором 用阳性与 доклад 保持一致,用前置词 в 表示"在报告里"。译文:大学生为学术会议准备报告,报告里讲述了所进行的分析。

79. 答案:Б。解析:с чьими 用复数与 книгами 保持一致,用前置词 с 受 знакома 要求。译文:昨天我去了著名作家的见面会,他的书我早就了解。

80. 答案:A。解析:какие 与 дни 保持一致。译文:那些在圣彼得堡只有夏初才有的美好的日子来到了。

81. 答案:В。解析:объявление 之后用 что 连接说明从句。译文:在讲堂的入口贴着告示,明天14点有讲座。

82. 答案:Г。解析:убежден в чем 相信。译文:我们确信,必须限制人对自然的影响。

83. 答案:A。解析:тем 是 те 的第三格,用第三格受无人称动词 удалось 的要求。译文:那些提早递交申请的人都收到了邀请。

84. 答案:Б。解析:побывать 要求 где,相当于 в котором。译文:今年夏天我们准备去索契,我们早就想去那儿了。

85. 答案:Г。解析:及物动词被否定(не видел),之后用第二格 чего。译文:在这个博物馆里可以看见你从没看见过的东西。

86. 答案:А。解析:кому 用第三格,意思是"给谁"。译文:我还是不明白所做的批评是针对谁的。

87. 答案:Б。解析:говориться 是无人称动词,接格关系为 о чем。译文:很可惜,我们不明白不久前萨沙收到的信里说了什么。

88. 答案:Б。解析:как только 刚……。译文:有轨电车刚一停下,乘客们就开始下车。

89. 答案:А。解析:прежде чем 在……之前。译文:在做出最终决定之前,要好好想一想自己行为的后果。

90. 答案:Б。解析:отчего 意思是"为什么",相当于 почему。译文:谁知道维塔利为什么不想在我们这儿呆了?

91. 答案:Г。解析:раз 既然。译文:你尝一尝别的蛋糕,既然你不喜欢这个。

92. 答案:В。解析:несмотря на то что 尽管。译文:尽管已经很晚,演员们也累了,但观众们还不离开,继续鼓掌。

93. 答案:В。解析:из-за того что 意思是"因为,由于",前置词 из-за 表示导致的结果是坏的。译文:由于停电,我们没能做完工作。

在 94~100 题中选出与标出部分同义的选项,并将正确答案填在答题卡 4 上。

94. 答案:Г。解析:副动词表示让步意义。译文:约翰考试考得很好,尽管他学俄语才半年。

95. 答案:А。解析:副动词表示原因意义。译文:我们来俄罗斯,因为我们想了解这个国家的传统。

96. 答案:В。解析:при чем 在……情况下。译文:读新课文时,要尽可能准确地理解课文的意思。

97. 答案:Г。解析:за чаем 意思是"在喝茶的时候",用将来时 будем пить 是因为 поговорим 也是将来时。译文:喝茶的时候我们要谈一谈生活和孩子。

98. 答案:А。解析:前置词 из 表示原因。译文:因为谦虚他没有反驳交谈者。

99. 答案:Б。解析:动词不定式 послушать 表示目的意义,因为主句和从句主体相同,所以从句中 послушать 用动词不定式。译文:我们想去音乐厅听著名钢琴家的音乐会。

100. 答案:Г。解析:ли 在从句中做连接词,ли 必须放在所强调的词(готов)的后边。译文:法官问目击者,他是否准备好回答问题。

第 5 部分

完成 101~125 题,并将正确答案填在答题卡 5 上。

101. 答案:В。解析:дипломант 证书获得者;дипломат 外交官;дипломник 写毕业论文的大学生;диплом 毕业证书。译文:斯米尔诺夫教授指导的毕业生出色地回答了论文评阅人的问题。

102. 答案:Б。解析:опечаток(书刊中文字的)错误;отпечаток 指纹;перепечатка 翻印,再次印刷;допечатка 印完,补印的份数。译文:可以通过指纹找到罪犯。

103.答案:Г。解析:задача 任务;задумка 心愿;задание 任务,作业;загадка 谜语,谜团。译文:自然界给科学家提出许多谜团。

104.答案:Б。解析:выборка 抽样,取样;выборы 选举;выбор 选择;выбирание 挑选。译文:国家的成年人都可以参加总统选举。

105.答案:Б。解析:общий 公共的;общественный 社会的;общинный 集体的;общительный 爱交际的。译文:在大学里社会科学在培养人才中占有重要地位。

106.答案:А。解析:мировой 世界的;мирный 和平的;мирской 人世间的;миролюбивый 热爱和平的。译文:全世界的海洋引起各国生态学家的关注。

107.答案:А。解析:решительный 坚决的,果断的;решающий 决定性的;решаемый 被解决的;решивший 解决……的,是решить 的过去时主动形动词。译文:听到那样果断的拒绝,大家都沉默了。

108.答案:Б。解析:кожный 皮肤的;кожаный 皮制的;кожистый 像皮革的;кожевенный 制革的。译文:我想买一副新的皮手套。

109.答案:Б。解析:экономичный 省钱的;экономный 节约的;экономический 经济的;экономящий 节约……的(形动词)。译文:我朋友的妻子是一个很节约的家庭主妇。

110.答案:А。解析:классный 班级的;классовый 阶级的;классический 经典的,古典的;классицистический 古典主义的。译文:老师走进教室,打开班级点名册,标下了缺席的学生。

111.答案:В。解析:аффектный 情感的;эффектный 给人印象深刻的;эффективный 有效的,高效的;фиктивный 虚拟的,编造的。译文:要制定出管理国家能源系统的方法。

112.答案:Г。解析:在祈使句中用带-нибудь 的不定代词。例如:Дайте мне *что-нибудь* почитать.(请给我点儿什么东西读。)Я голоден. Давайте *что-нибудь* поедим.(我饿了,我们吃点儿什么吧。)Не забыли бы ребята *чего-нибудь* нужного. Надо еще раз проверить.(孩子们可别落下什么东西,应该再检查一遍)。译文:回家的路上你买点儿什么晚餐吃的甜品。

113.答案:Г。解析:любить 和 уметь 之后接未完成体动词不定式,而句中给出的是 написать(完成体),所以不对。译文:我写不出题目如此抽象的作文。

114.答案:А。解析:вести к чему 导致。译文:不遵守建筑工程的时间表导致了与购房者的冲突。

115.答案:Г。解析:ходить в чем 戴着,穿着。译文:你永远不知道她往哪儿看:她总是戴着墨镜。

116.答案:А。解析:обойти что 走遍;пройти что 走过;перейти что 穿过;зайти(顺便)去。译文:玛莎走遍全城所有的书店,但也没找到需要的书。

117.答案:Г。解析:повезти 走运;посчастливиться 有幸;удаваться-удаться 成功地;приходиться-прийтись 不得不。这四个动词都是无人称动词,要求主体用第三格。译文:我不得不帮助我的朋友,因为他病了很长时间,落下了课程,需要帮助。

118.答案:Б。解析:охладеть 变冷淡;охладить что 使……冷却(及物动词,试题中вино 是其要求的第四格);холодеть 变凉;холодать(天气)变凉。译文:喝之前,最好把这种葡萄酒冰镇一下。

119.答案:Б。解析:вписаться во что 与……和谐;расписаться(在收据上)签字;подписаться(在文件上)签字;записаться 报名。译文:在收到稿费的时候,作者要在单据上签字。

120.答案:А。解析:вчитываться во что 仔细阅读(试题中有в объявление,所以选вчитывался);прочитывать что 读(一遍);зачитываться чем 读得入迷;перечитывать что 重读。译文:我仔细读了很长时间告示,直到读懂。

121. 答案:Б。解析:наступить 来临;поступить куда 进入,考入;выступить с чем 表演,演讲;заступить кого-что 代替。译文:去年奥列格考入莫斯科大学语文系。

122. 答案:В。解析:всмотреться во что 仔细看;посмотреть что 看一看;присмотреться к кому-чему 仔细看,看惯(试题中用前置词 к,所以其为正确答案);присмотреть за кем-чем 照料。译文:我应该看惯自己的新邻居。

123. 答案:А。解析:продумать что 仔细想;передумать 犹豫,改变主意;придумать что 想出来;задумать что 打算。试题中四个答案动词都是完成体,一般不能与不带前置词的第四格连用表示时间的持续,但 продумать 有前缀 про-,可以与 весь вечер 连用表示时间持续。译文:我们想了一晚上,但也没决定做什么。

124. 答案:Б。解析:уговориться с кем 商量;проговориться 说走了嘴;оговориться 说错了话;заговориться 说得出神。译文:列娜答应不跟任何人说这件事,但还是说了出去。

125. 答案:В。解析:обильно 丰富地;тяжело 艰难地;много 大量地;сильно 使劲地。译文:为了掌握俄语发音,我们应该在语音室和家里多努力。

第6部分

126~132 题是关于罗蒙诺索夫的短文,选择正确答案填在答题卡 6 上。

126. 答案:Б。解析:становиться-стать кем-чем 成为。译文:1742 年,罗蒙诺索夫成为圣彼得堡科学院的老师。

127. 答案:А。解析:признаваться-признаться каким 承认(是什么样的)。译文:因此,年轻学者的学术素养被认为扎实而充分。

128. 答案:В。解析:主语是 деятельность,谓语是 была интенсивна。译文:从一开始罗蒙诺索夫的学术活动就非常积极。

129. 答案:Б。解析:считаться кем-чем 被认为。试题中 новое слово(单数)意思是"新发明"。译文:他的许多著作被认为是当时该学科的首创。

130. 答案:Г。解析:主语是 опыты,谓语是 были интересными и уникальными。译文:例如,他在化学领域的很多实验有趣且独一无二。

131. 答案:Б。解析:主语是 имя,谓语是 стало известно。译文:研究学术的同时,罗蒙诺索夫也没忘了诗学。正是由于诗学让罗蒙诺索夫的名字为女皇伊丽莎白·彼得罗芙娜所知。

132. 答案:Б。解析:полезным 是 быть 要求的第五格。译文:罗蒙诺索夫整个一生都想成为对祖国有用的人。

133~140 题为申请书,选择正确答案填在答题卡 6 上。

133. 答案:Г。解析:不用 уважаемому,申请书不带感情色彩,只说明申请是写给谁的。

134. 答案:А。解析:научного сотрудника 用第二格,相当于 заявление научного сотрудника。

135. 答案:А。解析:прошу 请求,注意不用 я прошу。

136. 答案:В。解析:сроком 用第五格,表示期限。на неделю 表示时间的持续。

137. 答案:Б。解析:"по 之后加第四格名词"意思是"到并包括(第四格名词所指的时间)"。с

10 по 16 сентября 表示 9 月 10~16 日(包括 16 日),正好 7 天(一周)。

  138. 答案:Г。解析:с целью чего 目的是。

  139. 答案:Б。解析:21 августа 1995 г., 即 1995 年 8 月 21 日。

  140. 答案:Б。解析:В. Степанов 用第一格,是签名。

133~140 题译文:

Директору Института физики Земли
научного сотрудника В. Степанова①

Заявление

  Прошу разрешить мне командировку в Новосибирск сроком на неделю с 10 по 16 сентября для работы в филиале института с целью получения и обработки материалов эксперимента.

  21 августа 1995 г.

В. Степанов

(写给)地球物理研究所所长
研究员斯捷潘诺夫(写的申请书)

申请

  请求批准本人 9 月 10~16 日到新西伯利亚出差一周,以便在研究所分所获取并处理实验数据。

  1995 年 8 月 21 日

斯捷潘诺夫

  141~145 题是关于普罗库舍夫著作《叶赛宁:形象·诗歌·时代》的摘要,选择正确答案填在答题卡 6 上。

  141. 答案:Б。解析:主语是 материал,谓语是 содержится。译文:在著名的文学研究家普罗库舍夫的书中包含了许多以前较少为人所知的档案材料,这些材料是在多年研究诗人文学遗产时收集的资料。

  142. 答案:Б。解析:主语是 вехи,谓语是 рассматриваются。不能用 рассматривают,用该词是不定人称句。译文:书中详细研究了谢尔盖·叶赛宁生活中重要的里程碑和创作之路。

  143. 答案:Г。解析:уделяться-уделиться кому-чему 分给。句中主语是 внимание,谓语是 уделяется。不能用 уделяют,用该词是不定人称句。译文:其中主要关注叶赛宁的诗学,以及其创作与民间口头诗学的关系。

---

  ① 第二格。

144.答案:Г。解析:主语是 черты,谓语是 раскрываются。不能用 раскрывают,用该词是不定人称句。译文:书中揭示了叶赛宁诗学具有的重要特点。

145.答案:Б。解析:адресоваться кому-чему 面向。译文:普罗库舍夫的书面向所有对这位伟大的俄罗斯诗人生活与创作感兴趣的人。

146~150题是关于报刊政论语体的例子,选择正确答案填在答题卡6上。

146.答案:Б。解析:прибывать-прибыть с визитом(访问)是报刊中的正式用法。译文:9月10日,国际奥林匹克委员会主席访问了莫斯科。

147.答案:В。解析:报刊中不用 помогать-помочь кому-чему,而用 оказывать-оказать помощь кому-чему(帮助)。译文:很多国家机构对受流行病影响的地区的居民予以了帮助。

148.答案:В。解析:报刊中不用 подписывать-подписать,而用 ставить-поставить подпись(签字)。译文:在官方人士在场的情况下,各国总统在新的经济合作的条约上签字。

149.答案:Г。解析:报刊中不用 агитировать,而用 вести агитацию(进行宣传)。译文:我们委员会计划在小区居民中进行宣传以支持年轻而又有前途的候选人。

150.答案:Б。解析:报刊中不用 беседовать с кем,而用 иметь беседу с кем(交谈)。译文:昨天晚上外交部部长和外国同事进行了交谈。

二、俄罗斯对外俄语 B2 级考试：阅读
ТЕСТ ПО РУССКОМУ ЯЗЫКУ КАК ИНОСТРАННОМУ ВТОРОЙ УРОВЕНЬ

Субтест 2. Чтение

Инструкция по выполнению теста

Время выполнения теста — 60 мин.

Тест состоит из 2 частей:

часть 1 (задания 1–15) — выполняется на основе текстов 1, 2;

часть 2 (задания 16–25) — выполняется на основе текста 3.

Вы получаете тест. Он состоит из трех текстов, тестовых заданий, инструкции к ним в письменной форме и матрицы. На листе с матрицей напишите Ваше имя, фамилию и название страны.

После того как Вы прочитаете инструкцию к заданию, текст и ознакомитесь с заданиями, выберите вариант ответа (букву А, Б, (В) к каждому из заданий и отметьте его в матрице.

Например:

| 1 | А | V
Б | В | |

Вы выбрали вариант Б.

Если Вы изменили свой выбор, не надо ничего исправлять и зачеркивать. Внесите свой окончательный вариант ответа в дополнительную графу.

Например:

| 1 | А | V
Б | В | В |

Вы выбрали вариант В.

При выполнении заданий части 2 можно пользоваться Толковым словарем русского языка. В тесте ничего не пишите! Проверяться будет только матрица.

ЧАСТЬ 1
Инструкция к заданиям 1–8

Вам предъявляется текст.

Ваша задача — прочитать текст и закончить предложения, данные после текста, выбрав правильный вариант.

Внесите свой вариант ответа в матрицу.

Время выполнения задания: 15 мин.

Задания 1–8. Прочитайте текст 1 и предложения, которые даны после текста. Выполните задания в соответствии с инструкцией.

Текст 1

(*Вологда — древний русский город, культурный центр, до революции — место политической ссылки*)

Есть три Вологды: краевая, историческая и ссыльная...

Первая Вологда — это местные жители, говорящие на вологодском языке, одном из русских диалектов, где вместо «красивый» говорят «баской», а в слове «корова» не акают по-московски и не окают по-нижегородски, а оба «о» произносят как «у», что и составляет фонетическую особенность чисто вологодского произношения. Не всякий приезжий столичный житель освоится сразу с вологодскими фонетическими неожиданностями. Первая Вологда — это многочисленное крестьянство: молочницы, огородники, привлекаемые запахом легкого заработка на городском базаре.

Вторая Вологда — это Вологда историческая, город древний.

Иван Грозный хотел сделать Вологду столицей России вместо Москвы. Москву Грозный не любил и боялся. Грозный был в Вологде не один раз. Предание говорило, что во время пребывания в Вологде на ногу Грозного упал кирпич. Кирпич раздробил большой палец ноги царя. Грозный, напуганный приметой, изменил решение — Вологда не стала столицей России.

Дело совсем не в том, что в Вологде не нашлось смелого хирурга, чтобы ампутировать раздробленный царский палец. Значение таких примет в жизни любого государя, а тем более русского самодержца, не следует преуменьшать. Ни один политик не мог бы пройти мимо такого события. Вологду царь оставил не по своему капризу, а затем, чтобы не пренебречь мнением народным.

Тревога есть тревога, сигнал есть сигнал.

В Вологде жил десятки лет Батюшков, великий русский поэт... Если бы не было Пушкина, русская поэзия в лице Батюшкова, Державина, Жуковского стояла бы на своем месте. В допушкинских поэтах есть все, что дает место в мировой литературе русским именам.

К высотам Грозного Вологда никогда не возвращалась. Третья Вологда обращена духовно и материально к Западу и обеим столицам — Петербургу и Москве — и тому, что стоит за этими столицами, Европе, Миру.

Эту, третью, Вологду в ее живом, реальном виде составляли всегда ссыльные. Именно ссыльные вносили в климат Вологды категорию будущего времени. Споры ссыльных в философских кружках, на диспутах, лекциях — это не споры о пальце Ивана Грозного, а о будущем России, о смысле жизни. Вологда была осведомлена о Блоке и Хлебникове, не говоря уж о Горьком или Некрасове. Третья Вологда организовала народные читальни, библиотеки, кружки, кооперативы, мастерские, фабрики. Каждый уезжающий ссыльный — это было традицией — жертвовал свою всегда огромную библиотеку в книжный фонд Городской публичной библиотеки — тоже общественного предприятия, тоже гордости вологжан.

1. Русская провинция всегда . . . .
   - (А) была темной и неграмотной
   - (Б) имела свои культурные центры
   - (В) была безразлична к жизни столицы

2. Диалектные особенности жителей Вологды были . . . .
   - (А) лексическими
   - (Б) фонетическими
   - (В) и лексическими, и фонетическими

3. Иван Грозный часто бывал в Вологде, потому что . . . .
   - (А) любил природу Вологды
   - (Б) видел ее стольным городом
   - (В) любил вологодские храмы

4. Во время пребывания в Вологде. . . .
   - (А) враги наступили на город
   - (Б) из потолка выпал кирпич
   - (В) царь был напуган большим скоплением народа

5. Политические деятели, особенно русские самодержцы . . . .
   - (А) не могли обращать внимания на приметы
   - (Б) относились к приметам с насмешкой
   - (В) не могли пренебрегать приметами, в которые верит народ

6. Ориентация «третьей» Вологды на Запад была вызвана . . . .
   - (А) влиянием известных русских писателей
   - (Б) влиянием политических противников царского режима
   - (В) развитием промышленного производства

7. Политические ссыльные в старой России больше всего думали . . . .
   - (А) о своем возвращении в столицы
   - (Б) о будущем своей страны
   - (В) о прошлом России

8. Автор . . . .
   - (А) дает бесстрастную информацию о городе

(Б) заинтересованно рассказывает о судьбе города

(В) восхищается историческим прошлым города

Инструкция к заданиям 9 – 15

Вам предъявляется текст.

Ваша задача — прочитать текст и закончить предложения, данные после текста, выбрав правильный вариант.

Внесите свой вариант ответа в матрицу.

Время выполнения задания: 15 мин.

Задания 9 – 15. Прочитайте текст 2 и предложения, которые даны после текста. Выполните задания в соответствии с инструкцией.

Текст 2

Шла очередная конференция «Мульхаймская инициатива» (Германия). Ее гостями были молодые политики, бизнесмены, журналисты из Москвы, Пскова, Вологды.

В начале конференции немецкий социолог сделал небольшое сообщение о проблемах экологического самосознания в ФРГ, что вызвало бурную дискуссию. Российская молодежь шумно реагировала на высказанные предложения отказаться от регулярного использования автотранспорта, максимально ограничить потребление электроэнергии, не покупать новую одежду и бытовую технику. Согласившись с естественной необходимостью охраны окружающей среды, россияне тем не менее вынуждены были отметить, что немецкие представления о решении экологических проблем иногда выходят за рамки здравого смысла. Так, абсурдными, по мнению гостей, были требования немецких «зеленых» повысить цену на бензин до пяти марок за литр. Вызвало удивление, как определенная часть немецкого общества устраивала демонстрации против транспортировки радиоактивных отходов. Энтузиасты ложились на рельсы, с тем чтобы не допустить проезда груза, который был защищен по всем правилам техники безопасности. Всем присутствующим было предложено стать конструкторами придуманной организаторами «мастерской будущего», в которой бы прорабатывались основные проблемы, интересующие молодежь накануне XXI века. Выяснилось, что волнующие россиян и немцев темы во многом схожи. Это бюрократизм и закоснелость мышления, безработица, преувеличение роли денег, равнодушие людей, языковые и культурные барьеры между странами.

В продолжение игры организаторы встречи предложили представить участникам, что они находятся уже в четвертом тысячелетии на новой планете Венарс. Нужно было придумать какую-нибудь сумасшедшую, на первый взгляд, нереальную задачу, высказать то, о чем, может быть, тайно мечтал. Предложения немецкой стороны были, например, такими: стать министром лени и ничего не делать, отменить деньги, научиться читать мысли. Россияне хотели сделать обитаемыми планеты Солнечной системы, создать спасающее от всех болезней лекарство.

Участники очень увлеклись игровым моментом. Серьезного разговора, может быть, и не получилось. Но россияне и немцы познакомились, лучше узнали друг друга, захотели в дальнейшем поддерживать контакты. И это, наверное, стало главным итогом прошедшей встречи.

9. Мнения участников встречи по конкретным вопросам . . . .

　（А）частично разошлись

　（Б）совпали

　（В）абсолютно разошлись

10. С точки зрения немецких участников . . . .

　（А）следует использовать автомобили с электродвигателем

　（Б）влиять на использование машин должна цена бензина

　（В）необходимо усовершенствовать двигатель

11. Русские участники встречи . . . .

　（А）поддержали немцев в их протесте против транспортировки радиоактивных отходов

　（Б）считали, что при соблюдении техники безопасности отходы можно транспортировать

　（В）не заинтересовались проблемой транспортировки радиоотходов

12. Актуальной проблемой на пороге XXI века немецкие и русские участники встречи считают . . . .

　（А）вопросы управления государством

　（Б）состояние здоровья людей

　（В）равнодушие людей и консерватизм их мышления

13. Встреча была организована как . . . .

　（А）традиционная конференция

　（Б）сочетание разных способов организации обмена мнениями

　（В）проведение деловой игры

14. Организаторы встречи предложили участникам конференции . . . .

　（А）представить ближайшее будущее

　（Б）совершить путешествие на несколько тысячелетий вперёд

　（В）подумать о ближайших и дальних перспективах землян

15. Встреча . . . .

　（А）сблизила молодых людей

　（Б）помогла решить многие проблемы

　（В）была малоэффективна

ЧАСТЬ 2
Инструкция к заданиям 16 – 25

Вам предъявляется отрывок из художественного текста.

Ваша задача — прочитать текст и закончить предложения, данные после текста, выбрав правильный вариант.

Внесите свой вариант ответа в матрицу.

При выполнении задания можно пользоваться Толковым словарем русского языка.

Время выполнения задания: 30 мин.

Задания 16 – 25. Прочитайте текст 3 (отрывок из повести В. Тендрякова) и предложения, которые даны после текста. Выполните задания в соответствии с инструкцией.

Текст 3

(*Герой-рассказчик и его молодая жена Майя во время свадебного путешествия попадают в музей-заповедник Пушкина — Михайловское*)

Майя рассказывала о Пушкине. Она даже внешне изменилась — лицом стала старше, во взгляде убежденная смелость, а меж густых бровей напряженная складочка. То, что говорила Майя, и в самом деле было откровением. Полное впечатление, что она лично знала погибшего более века тому назад поэта, знала всех его родственников, друзей и даже его самые сокровенные мысли.

И Михайловское ожило для нас еще до того, как мы увидели его своими глазами.

Ровно сто пятьдесят лет тому назад, 9 августа 1825 года, в коляске, собравшей пыль российских дорог юга и севера, он въехал сюда, в родовое имение Ганнибалов «с калиткой ветхою, обрушенным забором». Строго было наказано: «Нигде не останавливаться в пути!» И коллежский секретарь, вычеркнутый по приказу императора из списков чиновников министерства иностранных дел, вынужден был спешить в ссылку.

За спиной осталась солнечная беспокойная Одесса. Остались проницательные, любящие поэзию друзья, обаятельные, тонко чувствующие женщины. И театр...

И вот глухая псковская деревня: сумрачный бор, тощие пашни, свинцовая вода озера. «Все мрачную тоску на душу мне наводит...»

Так же сумрачен бор, но теперь здесь музей. Безвозвратно уничтожена самая характерная особенность этого уголка старой России — тишина, окружавшая опального гения. Автобус за автобусом, легковые машины, мотоциклы, велосипеды везут сюда туристов: экскурсии, дикари-одиночки, дамы в брючных костюмах, темных очках, девицы в заношенных шортах, молодящиеся старики и бородатые юнцы с рюкзаками на плечах. Русская речь перемешана со всеми языками мира. Век девятнадцатый погребен под веком двадцатым, трудно докопаться до былого.

Но мы терпеливы, дождались вечера. Ушли экскурсионные автобусы, стало пусто и тихо вокруг.

Мы поднялись на гору. Вышли к обрыву. К знаменитой онегинской скамье. Здесь любил сидеть поэт и «даль свободного романа, как сквозь магический кристалл, еще неясно различал». Уселись рядком на этой скамье и мы, надолго притихли.

Длинные вечерние тени пересекали зеленый луг с текущей по нему речкой, темнел Михайловский бор, в дымке утопали дали. Лицом к лицу, как и он полтораста лет тому назад, с бытием.

«...здесь вопрошаю вас!»

Он был очень юн, когда написал эти строки, ему едва исполнилось двадцать лет. Он стал одним из тех, чей голос несется через столетия ко мне, биологу XX века, занимающемуся странным для Пушкина делом.

Он, собственно, учил простому — как любить и ненавидеть, что прощать и к чему быть беспощадным, уметь чувствовать и поступать.

Но простое не значит легкое, к простоте, как правило, пробиваются через путаницу сложного. И я не могу похвалиться, что я достиг нужной простоты в отношениях с другими людьми. И никак не поручусь, что у меня с Майей не возникнут сложности. Мне кажется, что нельзя любить сильнее, чем люблю ее я. Мне кажется, но... Могу ли я, если вдруг она от меня отвернется, сказать ей с таким великодушием, как когда-то сказал Пушкин:

Я вас любил так искренно, так нежно,
...

Ой нет, не убежден...

Я сидел на краю онегинской скамьи и смотрел вниз. Тени накрывали зеленый луг, темнел на закатном солнце Михайловский бор. Достойный ли я ученик тех великих, что учили чувствовать благородно и поступать правильно?

Как я проживу свою жизнь? Не наделаю ли непоправимых ошибок?

Не обману ли я надежды Майи, встречей и сближением с которой считаю себя не по заслугам осчастливленным?

Я оглянулся на Майю, ее профиль был строг и чист, глаза устремлены вдаль, губы в скорбном изломе, руки сцеплены на коленях. О чем она думает? Не о том ли самом, что и я?

Спасибо Майе, она подарила мне эту очищающую минуту! Буду помнить ее всю жизнь.

16. Майя лучше всего знала ... .
   (А) стихи Пушкина
   (Б) прозу Пушкина
   (В) историю жизни поэта

17. Пушкин ехал в Михайловское, ...
   (А) чтобы отдохнуть от большого города
   (Б) так как был туда сослан
   (В) чтобы навестить родовое имение

18. В Одессе ... .

(А) поэт вёл жизнь, полную встреч и событий

(Б) у поэта была интересная служба

(В) поэт испытывал тоску и одиночество

19. Тихая деревня, где Пушкин провёл почти три года, ...

(А) сохранилась неизменной до наших дней

(Б) сильно изменила окружающий пейзаж

(В) стала местом паломничества туристов

20. В Михайловском . . . .

(А) ни днём ни ночью нет покоя от туристов

(Б) вечерами наступает тишина

(В) в зимнее время нет посетителей

21. Пушкин, судя по туристам, интересен . . . .

(А) преимущественно молодым

(Б) пожилым людям

(В) людям разного возраста

22. Время, проведённое Пушкиным в Михайловском, ...

(А) не было творчески активным периодом его жизни

(Б) отличалось беззаботностью и беспечностью

(В) отличалось напряжёнными духовными исканиями

23. Герой рассказа в мироощущении Пушкина видит . . . .

(А) простую, но труднодостижимую ясность понимания жизни

(Б) исторически значимую, но во многом устаревшую систему взглядов

(В) сложное и противоречивое мировоззрение

24. Вечер в Михайловском . . . .

(А) заставил героев усомниться в подлинности своих чувств

(Б) привёл героев к пониманию того, что не стоит задумываться о будущем

(В) дал героям подлинное понимание счастья и сложности жизни

25. Герой считает для себя пушкинское отношение к женщине . . . .

(А) обязательным

(Б) трудновыполнимым

(В) невозможным

参考答案
（附考场指令译文）

☞ 考场指令

考试时间为 60 分钟。

试卷包括 2 部分：

第 1 部分(1~15 题)：短文 1 和 2；

第 2 部分(16~25 题)：短文 3。

试卷包括 3 篇短文和选项答案、考场指令及答题卡。请在答题卡上填写自己的姓名和国家。

阅读考场指令、短文及选项答案后请选择正确答案(А, Б, В)，答案在答题卡上标出。例如：

| 1 | А | V
Б | В | |

此时，你选择的正确答案为 Б。

如果你想修改答案，不要涂改，请把正确答案填在最后一个空格中。例如：

| 1 | А | V
Б | В | В |

此时，你选择的正确答案为 В。

在完成第 2 部分阅读题时可以使用俄语词典。

答案不要标注在试卷上！阅卷时只看答题卡。

第 1 部分

1~8 题的考场指令

试题为一篇短文。

你需要阅读短文并选择正确答案。

答案请填在答题卡上。

考试时间：15 分钟。

参考译文

（沃洛格达是一座古老的俄罗斯城市、文化中心，在革命之前它是流放政治犯的地方。）

沃洛格达有三个意义：地理意义的沃洛格达、历史上的沃洛格达和流放地沃洛格达……

第一个沃洛格达指的是说沃洛格达语的当地人,这是俄罗斯方言之一,他们把 красивый 说成 баской,在 корова 这个词中,他们不按莫斯科发音,也不按下诺夫哥罗德发音,他们把两个 о 都发成 у 的音,这是纯沃洛格达发音的语音特征。不是每个首都来的客人都会立即习惯沃洛格达意想不到的发音。第一个沃洛格达包括无数的农民:养奶牛的、种菜的,他们在城市的集市上赚取微薄的小钱。

第二个沃洛格达是历史上的沃洛格达,一个古老城市。伊凡雷帝想让沃洛格达成为俄罗斯的首都,而不是莫斯科。伊凡雷帝不喜欢莫斯科,他害怕莫斯科。伊凡雷帝不止一次去过沃洛格达。据传说,在沃洛格达期间,一块砖头落在伊凡雷帝的脚下。砖块砸伤了伊凡雷帝的大脚趾。伊凡雷帝被这个预兆吓坏了,改变了主意,于是沃洛格达没能成为俄罗斯的首都。

问题不在于沃洛格达没有勇敢的外科医生来切除沙皇被砸伤的脚趾。在任何君主的生活中,尤其是俄罗斯独裁者的眼中,这种预兆的重要性都不应被低估。任何政治家对这样的事件都不可能视而不见。沙皇离开沃洛格达不是出于自己心血来潮,而是为了不忽视人民的意愿。

警示就是警示,信号就是信号。

伟大的俄罗斯诗人巴丘什科夫在沃洛格达生活了几十年……如果没有普希金,巴丘什科夫、杰尔查文、茹科夫斯基的诗歌在俄罗斯同样占有重要地位。在普希金之前的诗人中拥有的一切足可以让俄罗斯人的名字在世界文学中占有一席之地。

沃洛格达再也没有回到伊凡雷帝时期的巅峰。第三个沃洛格达在精神上和物质上都面向西方和两个首都——圣彼得堡和莫斯科以及首都背后的一切,它一直面向欧洲以及全世界。

第三个沃洛格达在其活生生的、真实的形式中总是由流放者组成。正是流放者将未来时代的范畴引入沃洛格达的氛围中。流放者在哲学、辩论、讲座中谈论的不是伊凡雷帝的脚趾,而是关于俄罗斯的未来以及生命的意义。沃洛格达让人们了解了布洛克、赫列勃尼科夫,更不用说高尔基或涅克拉索夫了。第三个沃洛格达组建了人民阅览室、图书馆、活动小组、合作社、车间和工厂。每个离开的流放者都将其大量的藏书捐赠给城市公共图书馆,这已经形成一种传统。城市公共图书馆是一个公共单位,也是沃洛格达居民的骄傲。

参考答案

1. 答案:Б。文中有:Вологда — древний русский город, культурный центр, до революции — место политической ссылки.

2. 答案:В。文中有:Первая Вологда — это местные жители, говорящие на вологодском языке, одном из русских диалектов, где вместо «красивый» говорят «баской», а в слове «корова» не акают по-московски и не окают по-нижегородски, а оба «о» произносят как «у», что и составляет фонетическую особенность чисто вологодского произношения.

3. 答案:Б。文中有:Иван Грозный хотел сделать Вологду столицей России вместо Москвы. Москву Грозный не любил и боялся. Грозный был в Вологде не один раз.

4. 答案:Б。文中有:Предание говорило, что во время пребывания в Вологде на ногу Грозного упал кирпич.

5. 答案:В。文中有:Вологду царь оставил не по своему капризу, а затем, чтобы не пренебречь мнением народным.

6. 答案:Б。文中有:Эту, третью, Вологду в ее живом, реальном виде составляли всегда ссыльные.

7. 答案:Б。文中有:Споры ссыльных в философских кружках, на диспутах, лекциях — это не споры о пальце Ивана Грозного, а о будущем России, о смысле жизни.

8. 答案:В。文中有:综合全文得知。

9~15 题的考场指令
试题为一篇短文。
你需要阅读短文并选择正确答案。
答案请填在答题卡上。
考试时间:15 分钟。

参考译文

一个名叫"米尔海姆倡议"(德国)的定期会议正在进行,其参加者是来自莫斯科、普斯科夫、沃洛格达的年轻政治家、商人、记者。

会议开始,德国社会学家就德国的环保意识问题做了一个小报告,引起了热烈的讨论。俄罗斯年轻人对放弃常规使用车辆、尽可能限制电力消耗、不购买新衣服和家用电器的提议反应热烈。虽然俄罗斯人同意保护环境的自然需求,但也不得不指出,德国关于解决环境问题的想法有时超出了正常思维的框架。因此,根据与会者的意见,德国"绿色组织"要求将汽油价格提高到每升五马克①是荒谬的。令人惊讶的是,德国社会的部分群体举行了反对运输放射性废物的示威活动。激进者躺在火车轨道上,以防止货物通过,尽管这些货物是安全合法的。所有与会人员都被邀请成为会议组织者成立的"未来工作室"的设计者,在这个工作室里可能将解决 21 世纪前夕年轻人感兴趣的主要问题。事实证明,俄罗斯人和德国人关注的话题在许多方面都是相似的,它们分别是官僚主义和思想的僵化、失业、拜金、对他人的漠视、国家之间的语言和文化障碍等。

作为活动的延续,会议的组织者向与会者提出想象他们已经在一个叫"维纳尔斯"的新星球的第四个千年。他们要想出一些疯狂的、乍一看不切实际的任务,他们要说一说可能是他们暗中梦想的东西。例如,德方的建议如下:当懒惰部的部长,什么都不做,废除金钱,学会读心术。俄罗斯人想让太阳系的所有星球都适合人居住,创造一种可以预防所有疾病的药物。

参与者已经迷上了这种游戏。尽管不是一次严肃的对话,但俄罗斯人和德国人彼此更加了解,希望将来保持联系。这大概是会议的主要成果。

参考答案

9. 答案:А。文中有:Согласившись с естественной необходимостью охраны среды, россияне тем не менее вынуждены были отметить, что немецкие представления о решении экологических проблем иногда выходят за рамки здравого смысла.

---

① 该文是以前的文章,文中德国当时还使用马克作为货币。

10. 答案:Б。文中有:Так, абсурдными, по мнению гостей, были требования немецких «зеленых» повысить цену на бензин до пяти марок за литр.

11. 答案:Б。文中有:Вызвало удивление, как определенная часть немецкого общества устраивала демонстрации против транспортировки радиоактивных отходов. Энтузиасты ложились на рельсы, с тем чтобы не допустить проезда груза, который был защищен по всем правилам техники безопасности.

12. 答案:В。文中有:Это бюрократизм и закоснелость мышления, безработица, преувеличение роли денег, равнодушие людей, языковые и культурные барьеры между странами.

13. 答案:Б。文中有:综合全文得知。

14. 答案:В。文中有:综合全文得知。

15. 答案:А。文中有:Но россияне и немцы познакомились, лучше узнали друг друга, захотели в дальнейшем поддерживать контакты.

第2部分

16~25 题的考场指令

短文为文学作品的一个片段。
你需要阅读短文并选择正确答案。
答案请填在答题卡上。
可使用俄语词典。
考试时间:30 分钟。

参考译文

(主人公,即讲述者和他的年轻妻子玛雅在度蜜月期间前往普希金博物馆保护区——米哈伊洛夫斯科耶)

玛雅谈到了普希金。顿时她甚至外表也变了:她的脸变老了,她的目光果敢坚定,她浓密的眉毛之间出现了一个紧张的褶皱。玛雅所说的确实对人有所启发。看来,她本人认识这位一个多世纪前去世的诗人,知道他所有的亲戚、朋友,甚至他内心深处的想法。

米哈伊洛夫斯科耶甚至在我们亲眼看到它之前就为我们恢复了光彩。

整整150年前,1825年8月9日,他乘坐一辆经历俄罗斯南北道路灰尘的马车,来到"大门破旧、栅栏倒塌"的甘尼巴尔家族的庄园。他被告诫:"在路上不能做任何停留!"这位被皇帝外交部官员名单上除名的文官秘书被迫匆匆流放。

在他身后是阳光明媚的焦躁不安的敖德萨。那些执着热爱诗歌的朋友,那些迷人而又敏感的女性已经不在身边。远离了剧院……

这是一个偏远的普斯科夫农村:一片阴郁的森林,贫瘠的耕地,一潭铅色的湖水。"阴郁向我的心灵袭来……"

森林也很阴沉,但现在有一个博物馆。旧时俄罗斯这个角落最典型的特征,也就是围绕着这位失宠的天才的肃静已经无可挽回地被摧毁了。一辆又一辆的公共汽车、小轿车、摩托车、自行车将游客带到这里:短途旅行、野蛮的单身人士、穿着连体裤戴着墨镜的女士、穿着磨损短裤的女孩、还没太上年纪的老人和肩膀上背包的留大胡子的青年。俄语与世界上所有语言交织在一起。19 世纪被埋没在 20 世纪之下,过去已经被人遗忘。

但我们很有耐心,我们等到了晚上。旅游巴士离开了,周围变得空旷而安静。

我们爬上了山,上了悬崖,看见了著名的奥涅金长凳。诗人喜欢坐在这里和"一部自由小说的距离,就像通过一块魔晶,依然模糊地被他分辨出来"。我们坐在这张长凳上,沉默了很久。

漫长的傍晚阴影穿过绿色的草地,河流沿着它流淌,米哈伊洛夫斯科耶的森林变暗,远处被淹没在雾霾中。就像 150 年前的他面对现实时一样。

"……我来问你!"

他写这些诗章的时候很年轻,还不到 20 岁。他成为了声音能穿越几个世纪的人,他的声音传到了 20 世纪作为生物学家的我的耳里,而这一职业对于普希金来说一定唏嘘不已。

实际上,他教会了我们最简单的事情——如何去爱和恨,怎么原谅无情的他人,学会感受与行动。

但简单并不意味着容易,简单往往会通过混乱的复杂阶段。我不能吹嘘我在与他人的关系中实现了真正的简单。我不能保证我和玛雅不会遇到任何困难。我觉得,没有什么比爱她更强烈。我想,但是……如果她突然转身离开我,我能不能像普希金曾经说过的那样慷慨地对她说:

我那样真诚、那样温柔地爱过你,

……

哦不,我不相信……

我坐在奥涅金长凳的边缘,低头向下看去。阴影覆盖了绿色的草地,米哈伊洛夫科耶的森林在夕阳下变暗。我是那些教导我高尚和做正确事情的伟大的人的信徒吗?

我将如何生活?我会犯不可挽回的错误吗?

难道我没有欺骗玛雅的期待吗?和她约会与接近是不值得的快乐吗?

我回头看了看玛雅,她的轮廓严肃而清晰,她的眼睛盯着远处,她的嘴唇在悲伤的扭结中,她的双手交错在膝盖上。她在想什么?是不是和我一样呢?

谢谢玛雅,她给了我这个冷静的时刻!我会一辈子记住她。

参考答案

16. 答案:В。文中有:综合全文得知。

17. 答案:Б。文中有:И коллежский секретарь, вычеркнутый по приказу императора из списков чиновников министерства иностранных дел, вынужден был спешить в ссылку.

18. 答案:А。文中有:За спиной осталась солнечная беспокойная Одесса. Остались проницательные, любящие поэзию друзья, обаятельные, тонко чувствующие женщины. И театр...

19. 答案:В。文中有:Автобус за автобусом, легковые машины, мотоциклы, велосипеды везут сюда туристов: экскурсии, дикари-одиночки, дамы в брючных костюмах, темных очках, девицы в заношенных шортах, молодящиеся старики и бородатые юнцы с рюкзаками на плечах.

20. 答案:Б。文中有:Но мы терпеливы, дождались вечера. Ушли экскурсионные автобу-

сы, стало пусто и тихо вокруг.

21. 答案：В。文中有：Автобус за автобусом, легковые машины, мотоциклы, велосипеды везут сюда туристов: экскурсии, дикари-одиночки, дамы в брючных костюмах, темных очках, девицы в заношенных шортах, молодящиеся старики и бородатые юнцы с рюкзаками на плечах.

22. 答案：В。文中有：Здесь любил сидеть поэт и «даль свободного романа, как сквозь магический кристалл, еще неясно различал».

23. 答案：В。文中有：Он, собственно, учил простому — как любить и ненавидеть, что прощать и к чему быть беспощадным, уметь чувствовать и поступать.

24. 答案：Б。文中有：Как я проживу свою жизнь? Не наделаю ли непоправимых ошибок? Не обману ли я надежды Майи, встречей и сближением с которой считаю себя не по заслугам осчастливленным?

25. 答案：А。文中有：Спасибо Майе, она подарила мне эту очищающую минуту! Буду помнить ее всю жизнь.

三、俄罗斯对外俄语 B2 级考试：写作
ТЕСТ ПО РУССКОМУ ЯЗЫКУ КАК ИНОСТРАННОМУ
ВТОРОЙ УРОВЕНЬ

Субтест 3. Письмо

Инструкция по выполнению теста

Время выполнения теста — 55 мин.

Тест состоит из 3-х заданий.

Задания и Инструкции к ним Вы получаете в письменном виде.

В Инструкциях содержатся указания：

Жирный шрифт. Жирным шрифтом в тексте задания выделено намерение (интенции — напр.：дать рекомендацию, охарактеризовать лицо), которое Вы должны реализовать в письменной форме, а также тип/жанр текста, в котором должен быть написан Ваш текст.

Время выполнения задания. Время, отведенное на ознакомление с заданием и его выполнение.

Объем текста. Учитывается количество слов в тексте, который Вы будете писать.

Время предъявления материала. В случае предъявления печатного текста — время на его чтение.

При выполнении теста разрешается пользоваться Толковым словарем русского языка.

Инструкция к заданию 1

Вам будет предъявлен печатный текст/тексты.

Ваша задача — на основании прочитанного написать письмо рекомендательного характера.

Время предъявления материала：5 мин.

Объем печатного текста：180 слов.

Время выполнения задания：15 мин.

Объем текста：50 – 70 слов.

Задание 1. На основе предложенной рекламной информации напишите письмо, в котором вы **рекомендуете** вашему знакомому /сыну, дочери вашего знакомого/ получить какую-либо из специальностей. Ваше письмо должно содержать информацию, достаточную для принятия решения.

АГЕНТСТВО МОДЕЛЕЙ CLASSIX Тел. 344–71–15 (с 10 до 15 час.), 156–43–91 Тамбовская ул., д. 63, ДК Железнодорожников	Объявляет конкурсный набор **В ШКОЛУ ФОТОМОДЕЛЕЙ И МАНЕКЕНЩИЦ** девушек от 14 до 23 лет, юношей от 16 до 25 лет. А также на курсы **парикмахеров-стилистов**. Срок обучения — 6 месяцев.
Институт ЛИМТУ ул. Фрунзе, 9 ст. м. «Парк Победы» 291–28–05 260–88–76	**МАШИНОПИСЬ** Интенсивный курс скоростной печати на ПК и ПМ слепым 10-пальцевым методом **за 6 дней**. Утренние, дневные, вечерние 291–28–05 · 260–88–76 группы — 220 руб. (При скорости до 200 знаков в минуту — **бесплатное повторение курса!**). ДЕЛОПРОИЗВОДСТВО (в т. ч. бумажное), 4 дня — 150 руб. Выдается свидетельство. Содействие в трудоустройстве.
ЦЕНТР ПРОФЕССИОНАЛЬНОГО ОБУЧЕНИЯ т. 447–74–15 277–56–97	**Повар** (8 нед.), **массажист** (9 нед.), **продавец** (7 нед.), **косметолог** (7 нед.), **парикмахер** (8 нед.), **секретарь-референт** (9 нед.). Содействие в трудоустройстве.
АВТОШКОЛА Тел. 164–22–22, ст. м. «Владимирская»	**ГОТОВИТ ВОДИТЕЛЕЙ** **категорий A, B, C, D, E.** Группы: утренние, дневные, вечерние, выходного дня (2–3 мес.) Цены низкие. Работает медкомиссия.
НПФ «ГЕНИК» ул. Гастелло, 19, к. 104 (ст. м. «Московская»), т. 291–59–31, 298–81–98, кроме выходных	Мастер автосервиса (слесарь, электрик, карбюраторщик, кузовщик, сварщик) — 4 мес. **Высокий заработок по окончании!** **Помощь в трудоустройстве.**

Инструкция к заданию 2

Вам предлагается ситуация, относящаяся к официально-деловой сфере общения.

Ваша задача — написать текст официально-делового характера в соответствии с представленной ситуацией и предложенным заданием.

Время выполнения задания: 15 мин.

Объём текста: 50 – 70 слов.

Задание 2. Вас вызвали в милицию в качестве свидетеля дорожно-транспортного происшествия. В назначенное время Вы не смогли явиться. Напишите объяснительную записку на имя начальника отделения милиции с указанием причины Вашей неявки.

Инструкция к заданию 3

Вам предлагается ситуация, относящаяся к социально-бытовой сфере общения.

Ваша задача — написать неформальное письмо в соответствии с представленной ситуацией и предложенным заданием.

Время выполнения задания: 20 мин.

Объём текста: 100 – 150 слов.

Задание 3. Ваш знакомый — сотрудник крупного предприятия — обратился к вам с просьбой охарактеризовать человека, который претендует на роль профсоюзного лидера в этой организации. Вы хорошо знаете этого претендента по вашей совместной предыдущей работе.

Напишите дружеское (неформальное) письмо, в котором Вы должны охарактеризовать этого человека, а именно:

- его личностные качества;
- деловые качества;
- факты и события из его жизни, которые привлекли ваше внимание, а также оценить, соответствуют ли личностные и деловые качества этого человека предполагаемой работе.

参考答案
（附考场指令译文）

☞ 考场指令

考试时间为 55 分钟。

试卷包括 3 部分。

题目和考场指令均在试卷上。

考场指令包括：

黑体部分：黑体部分为试题的要求（如写推荐信、对某人做出评价等），考生应该用书面形式来完成，并符合写作要求的体裁。

考试时间：考试时间包括阅读题目和作文完成的时间。

作文长度：指的是考生所写作文应达到的词数。

材料阅读时间：如果是根据所给材料写作，则该时间为阅读材料的时间。

写作过程中可以使用俄语词典。

考场指令 1

提供给考生 1 篇材料（或多篇）。

考生需要根据该材料写一封推荐信。

阅读材料时间：5 分钟。

材料长度：180 词。

写作时间：15 分钟。

作文长度：50~70 词。

题目 1. 利用给出的广告信息写一封推荐信，信中你要推荐你的朋友/你朋友的儿子或女儿去学习广告中所给出的某个专业。你的推荐信要有足够的说服力以便让对方做出决定。

☞ 参考范文

Здравствуй, Женя!

Мы давно не виделись, я соскучился. У меня есть интересное предложение для тебя. Помню, что ты рассказывал, что хочешь записаться на кулинарные курсы. У нас в городе проходят курсы в Центре профессионального обучение, срок — 8 недель. Я думаю, что курсы точно подойдут для тебя, там предлагают научить готовить блюда из разных стран и широкий выбор кондитерских курсов. В этом центре выдают дипломы государственного образца, ты легко сможешь устроиться на работу.

До свидания!
Твой Женя
22.09.2022

考场指令 2

给考生提供的情境为公文事务交际范畴。
考生写一篇公文事务语体的作文,该文要符合所给的条件和要求。
写作时间:15 分钟。
作文长度:50~70 词。

题目 2. 你作为交通事故的目击者被叫去警察局,但你不能在指定的时间准时到达。请给警局领导写一封解释原因的信件说明你不能到场的理由。

☞ 参考范文

> Начальнику отделения полиции №123 Санкт-Петербурга
> студента филологического факультета СПбГУ Ван Лина①
>
> **Объяснительная записка**
>
> Я, Ван Лин, не смог явиться в условленное время в отделение полиции №123 в качестве свидетеля дорожно-транспортного происшествия, так как я защищал дипломную работу в то время, которое заранее было определено деканом филологического факультета СПбГУ.
>
> Ван Лин
> 07.07.2022

考场指令 3

给考生提供的情境为日常社会交际范畴。
考生写一篇非正式语体的作文,该文要符合所给的条件和要求。
写作时间:20 分钟。
作文长度:100~150 词。

题目 3. 你的熟人是一个大企业的员工,他请你评价一下准备做该企业工会领导的候选人。该候选人曾经与你共事,你很了解他。
写一封非正式的私信,信中你要评价一下该人,包括:

---

① 第二格。

- 该人个人品质；
- 该人业务能力；
- 生活中你对该人印象深刻的事情,同时评价其个人性格与业务能力是否符合提供的岗位要求。

☞ 参考范文

Привет, дорогой Коля!

Ты спрашиваешь мое мнение насчет Никите, который хочет устроиться к тебе на работу как руководитель профсоюза. Конечно, знаю его.

Никиту я знаю очень давно, мы вместе учились в школе и университете. Мы с Никитой закончили факультет менеджмента и получили дипломы о высшем образовании. Никита всегда обладает хорошими деловыми качествами: внимательностью, трудолюбием, решительностью и пунктуальностью. Он имеет богатый опыт работы. Никита очень добрый и спокойный человек. Ему нравится читать книги, смотреть фильмы и гулять на природе. В школе он получал только хорошие оценки от учителей и поэтому привлек мое внимание. Благодаря своим личностным и профессиональным качествам, я думаю, Никита подходит для работы профсоюза. Надеюсь ты возьмешь его на работу.

Пока, Коля!
Андрей
11.07.2022

四、俄罗斯对外俄语 B2 级考试: 听力

ТЕСТ ПО РУССКОМУ ЯЗЫКУ КАК ИНОСТРАННОМУ
ВТОРОЙ УРОВЕНЬ

Субтест 4. Аудирование

Инструкция по выполнению теста

Время выполнения теста — 35 мин.

Тест состоит из 4-х частей, включающих 25 заданий:

часть 1 (задания 1–10);

часть 2 (задания 11–15);

часть 3 (задания 16–20);

часть 4 (задания 21–25).

Перед выполнением теста Вы получаете задания, инструкции к ним в письменном виде и лист с матрицей. На листе с матрицей напишите свои фамилию, имя и название страны.

Тест выполняется по частям. Вы знакомитесь с инструкцией и заданиями к данной части, прослушиваете текст, затем выбираете вариант ответа к каждому из заданий и отмечаете его в матрице.

Например:

1	А	V Б	В

Вы выбрали вариант Б.

Если Вы изменили свой выбор, не надо ничего исправлять и зачеркивать. Внесите свой окончательный вариант ответа в дополнительную графу.

Например:

1	А	V Б	В	В

Вы выбрали вариант В.

В инструкциях содержатся указания:

Время выполнения заданий. Время между двумя заданиями теста по аудированию, отведенное для заполнения матрицы.

Время звучания аудиотекста. Время, в течение которого звучит запись.

Количество предъявлений: 1.

Пользоваться словарем не разрешается.

В тесте ничего не пишите!

Проверяться будет только матрица.

ЧАСТЬ 1
Инструкция к заданиям 1—5

Задания 1—5 выполняются после прослушивания реплики одного из участников диалога.

Время выполнения заданий: 5 мин.

Время звучания реплики: 30 сек.

Количество предъявлений: 1.

Задания 1—5. Прослушайте реплику одного из участников диалога и выберите вариант ответа к каждому из заданий.

(звучат диалоги и задания к ним)

1. Говорящий считает, что . . . .
   (А) он напрасно ходил в кино
   (Б) актеры играли плохо
   (В) он ошибся в выборе жанра фильма

2. Говорящий . . . .
   (А) регулярно ходит в кино
   (Б) ходит в кино очень редко
   (В) случайно попал в кино

3. Говорящий предпочитает смотреть . . . .
   (А) кинокомедии
   (Б) мелодрамы
   (В) документальные фильмы

4. Говорящий . . . .
   (А) радуется, что зрители продолжают ходить в кино
   (Б) удивлен, что зрители продолжают ходить в кино
   (В) огорчен отсутствием зрителей в кинотеатрах

5. Говорящий и слушающий . . . .
   (А) хорошо знакомы друг с другом
   (Б) разного возраста и разного социального положения
   (В) мало знакомы друг с другом

Инструкция к заданиям 6—10

Задания 6—10 выполняются после прослушивания рекламной информации.

Время выполнения заданий: 5 мин.

Время звучания реплики: 30 сек.

Количество предъявлений: 1.

Задания 6 – 10. Прослушайте рекламную информацию и выберите вариант ответа к каждому из заданий.

(звучит рекламная информация и задания к ней)

6. После успешного окончания курсов слушатели получают . . . .

   (А) диплом университета

   (Б) сертификат университета

   (В) справку о прохождении курсов

7. Носители языка проводят . . . .

   (А) разговорные занятия

   (Б) консультации слушателей

   (В) занятия по переводу

8. Стажировка в стране изучаемого языка . . . .

   (А) предоставляется слушателям курсов бесплатно

   (Б) предоставляется за дополнительную плату

   (В) входит в стоимость курсов

9. Дополнительная скидка в 10% предоставляется . . . .

   (А) студентам и сотрудникам Санкт-Петербургского государственного университета

   (Б) оплатившим стажировку за рубежом

   (В) только оплатившим полную стоимость курса за семестр

10. Эта информация представляет интерес . . . .

    (А) для всех желающих изучать иностранные языки

    (Б) для поступающих в университет

    (В) для желающих найти работу за рубежом

ЧАСТЬ 2
Инструкция к заданиям 11 – 15

Задания 11 – 15 выполняются после просмотра видеозаписи диалога.

Время выполнения заданий: 6 мин.

Время звучания диалога: 2 мин.

Количество предъявлений: 1.

Задания 11 – 15. Посмотрите фрагмент видеозаписи кинофильма «Ирония судьбы, или С легким паром» и выберите вариант ответа к каждому из заданий.

(идет видеозапись кинофильма)

11. Женя просит разрешение у Нади . . . .

(А) показать фотографию Ипполита

(Б) порвать фотографию Ипполита

(В) не показывать фотографию Ипполита

12. Уход Ипполита вызвал у Нади . . . .

(А) обиду

(Б) расстройство

(В) удивление

13. Отношения Нади и Ипполита вызывают у Жени . . . .

(А) иронию

(Б) зависть

(В) жалость

14. Надя вспоминает свои отношения с мужчиной, ...

(А) за которым она была замужем

(Б) который был холост

(В) который был женат

15. Надя предлагает Жене выпить кофе, чтобы . . . .

(А) поговорить с Женей о своих отношениях

(Б) изменить тему разговора

(В) угостить Женю

Инструкция к заданиям 16 – 20

Задания 16 – 20 выполняются после прослушивания аудиозаписи новостей.

Время выполнения заданий: 6 мин.

Время звучания аудиотекста: 2 мин.

Количество предъявлений: 1.

Задание 16 – 20. Прослушайте аудиозапись новостей и выберите вариант ответа к каждому из заданий.

(звучит аудиозапись новостей и задания к ней)

16. В ходе переговоров президенты России и Финляндии . . . .

(А) поставили вопрос о территориальных претензиях

(Б) объявили, что не имеют территориальных претензий

(В) отложили решение вопроса о территориальных претензиях сторон

17. Б. Ельцин отметил успехи МВД в борьбе с . . . .

(А) коррупцией

(Б) наркобизнесом

(В) уличной преступностью

18. Тема традиционного радиообращения Президента: . . . .

(А) экономическая ситуация в стране

(Б) политическая ситуация в стране

(В) развитие фундаментальной науки

19. Сергей Станкевич подозревается в ... .

(А) сокрытии налогов

(Б) получении взятки

(В) нарушении визового режима

20. Потепление климата Земли, отмеченное метеорологами, ...

(А) грозит катастрофой человечеству

(Б) нуждается в дальнейшем изучении

(В) вызывает волнение у ученых

Инструкция к заданиям 21—25

Задания 21—25 выполняются после просмотра видеозаписи интервью.

Время выполнения заданий: 6 мин.

Время звучания аудиотекста: 2 мин.

Количество предъявлений: 1.

Задания 21—25. Посмотрите фрагмент видеозаписи интервью с известным русским оперным певцом Д. Хворостовским, живущим и работающим в настоящее время в Вене, и выберите вариант ответа к каждому из заданий.

(идет видеозапись интервью)

21. Эрнст Неизвестный считает, что в наше время художник ... .

(А) может жить на Западе

(Б) имеет право жить там, где он хочет

(В) должен жить только на Родине

22. То, что многие русские артисты сейчас живут и работают на Западе, вызывает у ведущего ... .

(А) удивление

(Б) безразличие

(В) сожаление

23. С точки зрения Хворостовского, проживание за границей позволяет ... .

(А) избежать бюрократических процедур, связанных с поездками в другие страны

(Б) уменьшить налоги на доходы, получаемые от заграничных гастролей

(В) увеличить число поклонников в стране, выбранной местом жительства

24. Для Хворостовского гастроли в городах России — это ... .

(А) долг

(Б) внутренняя потребность

(В) обязанность

25. Своими вопросами к Хворостовскому ведущий стремится ... .

(А) раскрыть суть его позиции

(Б) подчеркнуть свое несогласие с ним

(В) показать неубедительность его позиции

第二部分 俄罗斯对外俄语 B2 级考试真题及答案

参考答案
（附考场指令译文）

☞ **考场指令**

考试时间为 35 分钟。

试卷包括 4 部分，共 25 题：

第 1 部分(1~10 题)；

第 2 部分(11~15 题)；

第 3 部分(16~20 题)；

第 4 部分(21~25 题)。

收到试卷后，请注意其包括 3 篇短文和选项答案、考场指令及答题卡。请在答题卡上填写自己的姓名和国家。

考试分 4 个部分，先阅读考场指令、选项答案，然后听录音选择正确答案，并在答题卡上标出正确答案。例如：

| 1 | A | V Б | B | |

此时，你选择的正确答案为 Б。

如果你想修改答案，不要涂改，请把正确答案填在最后一个空格中。例如：

| 1 | A | V Б | B | B |

此时，你选择的正确答案为 B。

考场指令包括：

答题时间：每个听力短文之间留有时间以便填答题卡。

放音时间：指的是播放录音的时间。

短文数量：1。

禁止使用词典。

答案不要标注在试卷上！

阅卷时只看答题卡。

第1部分
1~5题的考场指令

听完第1个对话后完成1~5题。

答题时间:5分钟。

对话时间:30秒。

对话数量:1。

题目:1~5。听对话,选择正确答案。

听力录音材料

Представляешь, тысячу лет в кино не был, в выходные пошел. Так хотелось в воскресенье отдохнуть, посмеяться, выбрал фильм повеселее. Лучше бы дома остался, телевизор посмотрел. Фильм совсем неинтересный, все так банально, смотреть не на что. И что только зрители находят в таких фильмах.

参考答案

1. А 2. Б 3. А 4. Б 5. А

6~10题的考场指令

听广告信息之后完成6~10题。

答题时间:5分钟。

对话时间:30秒。

对话数量:1。

题目:6~10。听广告信息,选择正确答案。

听力录音材料

Филологический факультет Санкт-Петербургского государственного университета организует интенсивные курсы иностранных языков. Группы английского, немецкого, французского и финского языков формируются по результатам тестирования. Успешное окончание полной программы курсов обеспечивает получение сертификата университета. Программа курсов предусматривает разговорные занятия с носителями языка. Для желающих получить разговорную практику в стране изучаемого языка университет за дополнительную плату формирует группы, выезжающие на учебу за рубеж. Учебная группа состоит не более чем из 10 человек. Стоимость курса в месяц 10 000 рублей. При единовременной оплате за семестр действует дополнительная скидка 10%. Льготной скидкой пользуются также студенты и сотрудники СПбГУ.

参考答案

6. Б 7. А 8. Б 9. В 10. А

第 2 部分
11~15 题的考场指令

看视频之后完成 11~15 题。

答题时间:6 分钟。

对话时间:2 分钟。

视频数量:1。

题目:11~15。看电影《命运的捉弄》片段,选择正确答案。

听力录音材料

Женя: Надя, я Вас хочу попросить, у меня к Вам просьба, может быть, немножко дерзкая.

Надя: Ну, какая?

Женя: Вы не рассердитесь, и не прогоните меня.

Надя: Ну, если я до сих пор этого не сделала. Вы что хотите, чтобы я еще раз спела?

Женя: Нет. Позвольте я выну из шкафа фотографию Ипполита и порву ее.

Надя: Нет, нельзя.

Женя: Вы очень огорчены, что он ушел?

Надя: Зачем Вам это знать?

Женя: Надо, раз спрашиваю.

Надя: Да, огорчена.

Женя: Вы в этом уверены? Сколько Вам, тридцать два, тридцать три?

Надя: Тридцать четыре.

Женя: А семьи все нет, не получилось, не повезло, это бывает, и вдруг появляется он. Вот такой серьезный, положительный, красивый. С ним удобно, надежно, за ним как за каменной стеной. Да и жених наверное выгодный, и подруги советуют: «Смотри не упусти».

Надя: А Вы оказывается жестокий?

Женя: Простите, да я хирург, мне часто приходится делать людям больно, чтобы потом им жилось хорошо.

Надя: А вот Вы своих больных жалеете!

Женя: Ну, конечно.

Надя: Да, я тоже иногда себя жалею, прихожу домой, сажусь в кресло, и начинаю себя жалеть, но со мной это редко бывает.

Женя: Вы никогда не были замужем?

Надя: Была наполовину.

Женя: Это как, на какую половину?

Надя: Это так, встречались два раза в неделю, в течение десяти лет. А по субботам и воскресеньям я оставалась одна. С той поры я не люблю ни суббот, ни воскресений. Вообще праздников я не люблю.

Женя: Он был женат?

Надя: Он и сейчас женат.

Женя: Вы его до сих пор любите?

Надя: Нет, нет. Давайте пойдем пить кофе, пойдемте!

11. Б 12. Б 13. А 14. В 15. Б

16～20 题的考场指令

看新闻视频之后完成 16～20 题。

答题时间:6 分钟。

对话时间:2 分钟。

视频数量:1。

题目:16～20。看新闻视频,选择正确答案。

听力录音材料

Добрый вечер! В эфире итоги дня. Сегодня в ходе переговоров в Кремле президенты России и Финляндии Борис Ельцин и Марти Аахтисари объявили, что Москва и Хельсинки не имеют территориальных претензий друг к другу. Также глава государства призвал умерить накал общественной критики в адрес органов внутренних дел, призвал не обливать все время грязью МВД. В ходе рабочей встречи с главой МВД Анатолием Куликовым президент отметил, что именно благодаря деятельности этого ведомства сегодня люди более спокойно могут ходить по улицам, чем два-три года назад. Ну, а завтра президент Борис Ельцин выступит с традиционным радиообращением к россиянам, темой которого будет развитие промышленности и сельского хозяйства в стране. Воеводский суд в Варшаве признал сегодня юридически недопустимой выдачу Российским органам правосудия бывшего советника президента Сергея Станкевича. Напомню, что Станкевич, подозреваемый в России в получении взятки, был задержан в польской столице по заявке Интерпола в начале лета этого года. Значительное потепление климата Земли отмечают британские ученые. Как сообщила сегодня метеорологическая служба Великобритании, нынешний год стал самым теплым за всю историю наблюдений, которые ведутся с 1860 года. Наибольшее беспокойство ученых вызывает потепление Тихого океана у западных берегов Латинской Америки.

参考答案

16. Б 17. В 18. А 19. Б 20. В

21~25 题的考场指令

看采访视频之后完成 21~25 题。

答题时间:6 分钟。

对话时间:2 分钟。

视频数量:1。

题目:21~25。看采访现居住、工作在维也纳的俄罗斯著名歌剧演员赫沃罗斯托夫斯基的新闻视频,选择正确答案。

听力录音材料

Караулов: Дмитрий, ну вот знаете, я как бы понимаю, что в конце двадцатого века такой вопрос задавать ну странно что ли? Когда-то я Эрнста Неизвестного спрашивал, когда Вы в Россию вернетесь, когда в Россию вернетесь. А он мне говорил, что не может быть в конце двадцатого века такого вопроса. Хемингуэй жил на Кубе, и нет проблем. Но все-таки, мне очень больно оттого, что Атлантов становится австрийским гражданином. Он покупает здесь недвижимость, т. е. это значит, что он и не собирается петь в Москве. Мне очень больно, что Малахов — замечательный танцовщик, тоже становится австрийским гражданином. Ну, я не знаю почему, может быть, я не прав. Того и гляди! Вы станете австрийским гражданином?

Хворостовский: Нет-нет. Я австрийским не стану.

К: Ну, в этом есть что-то все-таки такое уж слишком поспешное что ли? Мода какая-то? Я не прав?

X: Нет, это не мода. Я попытаюсь Вам объясниться, надеюсь, Вы сможете меня понять. Не приходилось ли Вам проходить таможню с советским паспортом, здесь, в Вене? По своей профессии, по делу своей работы, я вынужден много странствовать. Поэтому мне нужны визы, многочисленные штампы, разрешения на работу, страховки. Масса денег уходит на это, об этом я не говорю. С русским паспортом надо ставить в каждой стране визу. Каждый раз, когда у меня появляется новая программа, я обычно пою это в Москве, причем не первый раз, а уже после того как я обкатаю это по всему миру. Для меня это очень важно.

К: Мало, мало.

X: Достаточно хорошего помаленьку.

К: Дима!

X: Это не шутка! Поймите, что ни в какой другой стране я не пою так часто. Сейчас я еду в Красноярск, где буду петь, потом будет Петербург, потом будет Москва, все равно будет. Я продолжаю жить дома. Дом — это Россия.

К: И еще это Красноярск?

X: Да, дом это Красноярск, я там родился и вырос, я жил там до 26 лет.

К: И там сейчас будет концерт?

X: Да, там будет концерт.

К: Дмитрий, а если вот случится, что там, в Красноярске. Вы поймете совершенно неожиданно для себя, что Вы как бы оторвались от этой страны, от этих людей. Если Вам придется пережить то, что пережил Вертинский Александр Николаевич, когда он слишком поздно вернулся на Родину.

X: Во-первых, я регулярно продолжаю возвращаться, не забывайте об этом. Мои перерывы, может быть, заключаются в несколько месяцев, три-четыре-пять месяцев. Но не больше.

К: Но если к Вам придет такое чувство, это будет для Вас подлинной трагедией.

X: Я надеюсь, ко мне не придет это чувство.

参考答案

21. Б 22. В 23. А 24. Б 25. А

五、俄罗斯对外俄语 B2 级考试：会话
ТЕСТ ПО РУССКОМУ ЯЗЫКУ КАК ИНОСТРАННОМУ
ВТОРОЙ УРОВЕНЬ

Субтест 5. Говорение

Инструкция по выполнению теста

Время выполнения теста — 45 мин.

Тест состоит из 3-х частей, включающих 15 заданий.

Задания и инструкции к ним Вы получаете в письменном виде.

В инструкциях содержатся указания:

Ваш собеседник — тестирующий. Это означает, что роль Вашего собеседника в соответствии с предъявленным заданием выполняет тестирующий. Задание выполняется без подготовки. Это означает, что задание выполняется сразу после его предъявления.

Жирный шрифт. Жирным шрифтом в тексте заданий выделены слова, обозначающие намерения (интенции). Эти намерения Вы должны обязательно выразить при выполнении задания. Например: согласитесь, выразите мнение, убедите и т. д.

Время выполнения задания. Учитывается только время устного сообщения.

Время на подготовку. Это означает, что после предъявления задания Вам дается определенное время на подготовку к его выполнению.

Пауза для ответа. Это означает, что Ваша реплика должна уложиться в указанное время.

Все Ваши высказывания записываются на пленку.

Пользоваться словарем не разрешается.

ЧАСТЬ 1
Инструкция к заданиям 1–4

Ваша задача — поддержать диалог в соответствии с заданием.

Задание выполняется без подготовки.

Время выполнения задания: 1,5 мин.

Пауза для ответа: 10 сек.

Количество предъявлений: 1.

Задания 1–4. Представьте себе, что Вы с другом в качестве гостей посетили новую школу. Ему школа не понравилась, а Вам понравилась. **Возразите** своему собеседнику. Используйте антонимичные оценочные слова.

1. — (*Звучит реплика*①).

   — ....

2. — (*Звучит реплика*).

   — ....

3. — (*Звучит реплика*).

   — ....

4. — (*Звучит реплика*).

   — ....

Инструкция к заданиям 5 – 8

Ваша задача — ответить на реплики собеседника в соответствии с заданной ситуацией и указанным намерением.

Задание выполняется без подготовки.

Время выполнения задания: 1,5 мин.

Пауза для ответа: 15 сек.

Количество предъявлений: 1.

Задания 5 – 8. Вы разговариваете с другом, который предлагает Вам купить вашему общему другу общий подарок на день рождения. Отреагируйте на реплики собеседника. Выразите заданное намерение и объясните свою реакцию.

5. Выразите согласие:

   — (*Звучит реплика*②).

   — ....

6. Выразите сомнение:

   — (*Звучит реплика*).

   — ....

7. Выразите восторженное мнение:

   — (*Звучит реплика*).

   — ....

8. Выразите предложение:

   — (*Звучит реплика*).

   — ....

Инструкция к заданиям 9 – 12

Вам будут предъявлены 4 реплики в письменном виде.

Ваша задача — воспроизвести реплики с интонацией, соответствующей намерению, кото-

---

① 考官朗读。

② 考官朗读。

рое предложено в задании.

Задание выполняется без подготовки.

Время выполнения задания: 1,5 мин.

Задания 9 – 12. Воспроизведите реплики с интонацией, соответствующей следующим намерениям:

9. Вы **недовольны**:

— Снова на завтрак каша//Сколько можно//

10. Вы **рады**:

— Я сдал экзамен//Пятёрка//

11. Вы **удивлены**:

— Ты что / уже готов//

12. Вы **грустите**:

— Опять дождь//Опять никуда не поедем//

ЧАСТЬ 2

Инструкция к заданию 13

Задание 13 выполняется после просмотра видеосюжета.

Ваша задача — составить подробный рассказ об увиденном и высказать предположение, почему это произошло.

Длина видеосюжета: 1 мин. 45 сек.

Время на подготовку: 10 мин.

Время выполнения задания: 3 – 5 мин.

Количество предъявлений: 1.

Задание 13. Расскажите об увиденном друзьям. Опишите ситуацию и действующих лиц и выскажите предположение, почему, по Вашему мнению, возникла такая ситуация.

Инструкция к заданию 14

Вы инициатор диалога.

Ваш собеседник — тестирующий.

Ваша задача — подробно расспросить своего собеседника в соответствии с предложенным заданием.

Время на подготовку: 3 мин.

Время выполнения задания: 3 – 5 мин.

Количество предъявлений: 1.

Задание 14. Вы прочитали в газете объявление:

> Клуб «Семья» объявляет конкурс для родителей «Лучший папа/лучшая мама». Для участия в конкурсе нам необходимо, чтобы Вы соответствовали нам по следующим пунктам:
> —музыкальная подготовка;
> —спортивная подготовка;
> —психологические качества;
> —умение развлекать;
> —литературные знания.
> Более подробную информацию Вы можете получить по телефону:
> 8（812）117-21-45

Это объявление Вас заинтересовало. Позвоните по указанному телефону и расспросите обо всём как можно более подробно, чтобы принять решение — ехать или не ехать в клуб, чтобы подать заявку на участие в конкурсе.

ЧАСТЬ 3
Инструкция к заданию 15

Вы должны принять участие в обсуждении определенной проблемы.

Ваш собеседник — тестирующий.

Ваша задача — в процессе беседы высказать и отстоять свою точку зрения по предложенному вопросу, адекватно реагируя на реплики тестирующего.

Задание выполняется без подготовки.

Время выполнения задания: не более 10 мин.

Задание 15. Примите участие в беседе на тему, предложенную тестирующим.

第二部分 俄罗斯对外俄语 B2 级考试真题及答案

参考答案
（附考场指令译文）

☞ 考场指令

考试时间为 45 分钟。

试卷包括 3 部分，共 15 题。

试题和考场指令在试卷上。

考场指令包括：

如果你面对的是考官，那么其说话结束后，没有准备时间，你需要直接回答问题。

黑体部分：问题中的黑体部分表示考题的要求。在回答问题时，你必须按这些要求回答，如同意、表达意见、说服别人等。

答题时间：包括口头指令时间。

准备时间：考官在提出问题后，你有一定的时间做准备。

答题间隔：回答必须在指定的时间内。

你的所有回答将被记录在磁带上。

不允许使用词典。

第 1 部分
1~4 题考试指令

你的任务是根据要求完成对话。

完成试题时没有准备时间。

每道题答题时间：1.5 分钟。

提问与回答之间间隔：10 秒钟。

题目数量：1。

1~4 题。想象你和朋友应邀正在参观一所新学校。学校你的朋友不喜欢，而你很喜欢。使用反义词来反对你朋友的意见。

参考答案

— Я думаю, что в этой школе классы слишком маленькие. （考官提问）

— *А мне кажется, что классы большие и просторные.* （考生回答）

— В классах так темно！（考官提问）

— *Нет, в классах светло, посмотри вокруг！* （考生回答）

— Здесь технические средства: компьютеры, видеотехника — такие устаревшие！（考官提问）

— *Компьютеры совсем новые и видеотехника куплена недавно.* (考生回答)

— Еще мне не понравился зеленый актовый зал. Этот цвет — раздражающий! （考官提问)

— *А мне нравиться зеленый, это цвет травы.* (考生回答)

5~8 题考试指令

你的任务是根据所给情境和要求完成对话。

完成试题时没有准备时间。

每道题答题时间:1.5 分钟。

提问与回答之间间隔:15 秒钟。

题目数量:1。

5~8 题。你和朋友在交谈,他建议你给你们共同的朋友一起买一件生日礼物。按要求完成对话,并解释你的反应。

参考答案

5. Выразите согласие：(表示同意)

— У Миши завтра будет день рождения. Давай купим ему подарок от нас двоих. (考官提问)

— *Давай, а что ты хочешь купить?* （考生回答)

6. Выразите сомнение：(表示怀疑)

— Мне кажется, он был бы рад, если бы мы купили ему красивую вазу. (考官提问)

— *Я так не думаю, Миша не любит цветы, зачем ему ваза?* (考生回答)

7. Выразите восторженное мнение：(表示高兴)

— Тогда предлагаю купить картину, которую мы сегодня рассматривали в галерее. Что ты думаешь об этой картине？（考官提问)

— *Картина мне очень понравилась！Мне понравился нарисованный на ней лес！* (考生回答)

8. Выразите предложение：(表示建议)

— Но уже поздно, галерея сегодня уже закрыта. (考官提问)

— *Предлагаю купить ее завтра.* (考生回答)

9~12 题考试指令

试卷上有 4 个对话。

你的任务是按语调构建对话,要符合试题中给出的要求。

完成试题时没有准备时间。

每道题答题时间:1.5 分钟。

9~12 题。按照相应要求用合适的语调构建对话。

> **参考答案**

9. Вы недовольны：(表示不满)
   — Снова на завтрак каша//Сколько можно//

10. Вы рады：(表示高兴)
    — Я сдал экзамен//Пятерка//

11. Вы удивлены：(表示惊讶)
    — Ты что/уже готов//

12. Вы грустите：(表示沮丧)
    — Опять дождь//Опять никуда не поедем//

第2部分
13题考试指令

看完视频后完成第13题。
你的任务是详细描述你所看到的视频并判断为什么会这样。
视频时间：1分45秒。
准备时间：10分钟。
回答时间：3~5分钟。
试题数量：1。

13题。给朋友讲述你看见的内容。描述情景及其中人物，根据自己的看法讲述为什么会出现那样的情景。

> **参考答案**

(看电影片段，描述看到的内容)
Пожилой мужчина идет по улице, входит в дом. Звонок в дверь. Молодая девушка открывает дверь, обнимает дедушку. Говорит, что приходил «этот» и оставил деньги. Дедушка кричит на внучку, он в ярости из-за того, что она взяла деньги. Он хватает конверт, бежит в другой дом, поднимается по лестнице, звонит в дверь, швыряет конверт в лицо мужчине, открывшему дверь. Деньги рассыпаются. Мужчина кричит: «Ты зря это сделал, старик». Старик спускается по лестнице, отвечает: «А я еще ничего не сделал. Только собираюсь».

14题考试指令

你首先发起对话。
你的对话对象是考官。
你的任务是根据要求详细询问考官。
准备时间：3分钟。
回答时间：3~5分钟。

试题数量:1。

14题。读报纸中的广告。你对该广告很感兴趣,根据给出的电话做详细的咨询,以便决定你是否去俱乐部申请参加比赛。

参考答案

— Здравствуйте! Я прочитал ваше заявление, которое меня заинтересовало. Сейчас у меня несколько вопросов. Расскажите, пожалуйста, в чем заключается музыкальная подготовка?

—(考官回答).

—А что вы можете сказать про спортивную подготовку?

—(考官回答).

—В объявлении так же сказано, что папа должен обладать психологическими качествами и уметь развлекать, расскажите про это подробнее.

—(考官回答).

—Последний пункт — это литературные знания, что они в себя включают?

—(考官回答).

—Спасибо за информацию! Я подумаю и перезвоню вам.

—(考官回答).

第3部分
15题考试指令

你要参加指定题目的讨论。
你的对话对象是考官。
你的任务是是在谈话过程中坚持自己提出的观点,并回答考官的提问。
回答没有准备时间。
回答时间:不少于10分钟。

15题。参加考官提出的讨论。

参考答案

(题目相对自由,考生可以自由发挥,以《Строительство атомных электростанций》为例)

— Сейчас одна из важнейших проблем — проблема получения энергии. Строительство атомных электростанций — один из способов получения энергии и экономии природных ресурсов. Однако многие экологи протестуют против строительства атомных электростанций. Как Вы относитесь к этой проблеме?

— Я отношусь к этому положительно. Можно строить такие станции, если быть уверенным, что станции надежны.

— Что значит «надежны»? Что Вы имеете в виду?

— Надежность — это невозможность аварии. Надо предусмотреть все, даже самые невероятные случаи возникновения аварий. Последствия ненадежности страшны.

— Что Вы имеете в виду?

— Я имею в виду аварию на Чернобыльской АЭС.

— А что Вы о ней знаете?

— Эта авария произошла в 1986 г. Взорвался один реактор атомной электростанции, в результате чего в воздух было выброшено большое количество радиоактивных веществ. Пострадало много людей. До сих пор стоит мертвый лес, растут странные мутанты-растения.

— А как Вы думаете, почему это произошло? Должен кто-то отвечать за происшедшее?

— Я не знаю, кто точно виноват. Но, наверное, за это должно отвечать правительство.

— Но как же быть без источников атомной энергии, если человечеству нужно все большее и большее количество энергии?

— Надо использовать энергию ветров, энергию приливов и отливов.

— А Вы можете сравнить ветряную и атомную электростанции?

— Конечно, энергия ветряного источника значительно меньше, но если их много, они могут выработать много энергии.

— А Вы знаете примеры таких электростанций?

— Да. В Испании, Дании и Норвегии, такие электростанции строят в пустынях, степях, полях и даже на крышах домов.

— А как Вы думаете, в ближайшем будущем человечество сможет гарантировать безопасную эксплуатацию АЭС?

— Да, я думаю, что в развитых странах это возможно.

— Значит, Вы, в принципе, сторонник использования атомных электростанций?

— Да, но при условии надежного контроля за их работой.

参考文献

［1］ЕСИНА З И,ИВАНОВА А С,СОБОЛЕВА Н И,др. Образовательная программа по русскому языку как иностранному［M］. М.:Изд-во "Москва",2001.

［2］ИВАНОВА Т А,ПОПОВА Т И,РОТОВА К А,др. Государственный образовательный стандарт по русскому языку как иностранному. Второй уровень. Общее владение［M］. СПБ.:Изд-во "Златоуст", 1999.

［3］王利众.大学俄语初级语法［M］.哈尔滨:黑龙江大学出版社,2019.

［4］王利众.俄语语法［M］.哈尔滨:哈尔滨工业大学出版社,2022.

［5］王利众,甄淼淼,孙晓薇.俄罗斯对外俄语等级考试真题与解析(B1级)［M］.哈尔滨:哈尔滨工业大学出版社,2019.

［6］王利众,王琳,肖贵纯.高等学校俄语专业四级考试语法解析［M］.哈尔滨:哈尔滨工业大学出版,2013.

［7］王利众,董丹,张廷选.全国高等学校俄语专业四级考试真题详解［M］.哈尔滨:哈尔滨工业大学出版社,2017.

［8］王利众.全国高等学校俄语专业四级、八级考试作文解析与指导［M］.哈尔滨:哈尔滨工业大学出版社,2019.

［9］王利众,张廷选.全国高校俄语专业四级考试词汇与解析［M］.上海:上海外语教育出版社,2017.